관계 치료를 위한 8가지 처방

조현삼 지음

생명의말씀사

관계행복

ⓒ 생명의말씀사 2010, 2011

2010년 8월 25일 1판 1쇄 발행
2011년 1월 28일   11쇄 발행
2011년 8월 10일 2판 1쇄 발행
2011년 12월 20일   3쇄 발행
2012년 2월 20일 3판 2쇄 발행

펴 낸 이 김창영
펴 낸 곳 생명의말씀사
등   록 1962. 1. 10. No.300-1962-1
주   소 110-101 서울 종로구 송월동 32-43
전   화 (02)738-6555(본사), (02)3159-7979(영업부)
팩   스 (02)739-3824(본사), 080-022-8585(영업부)

지 은 이 조현삼

기획편집 유선영, 서지연
디 자 인 조현진
인   쇄 영진문원
제   본 정문바인텍

ISBN 978-89-04-15970-3 (04230)
ISBN 978-89-04-00139-2 (세트)

저작권자의 허락없이 이 책의 일부 또는 전체를
무단 복제, 전재, 발췌하면 저작권법에 의해 처벌을 받습니다.

관계행복

| 개정판 서문 |

관계를 치료하는
8가지 처방

FOR A RELATIONAL HAPPINESS

　사람과 사람 사이, 이 사이가 세상에서 가장 가깝기도 하고, 가장 멀기도 하다. 사이가 좋으면 행복하고, 사이가 나쁘면 불행하다. 사이가 통하면 이웃이고, 사이가 막히면 원수다. 사람에게 관계는 때론 무거운 짐이 되기도 하지만 세상을 나는 날개가 되기도 한다.

　얼마 전, 부교역자 시절 지도했던 청년들 몇 명이 이제는 중고등학생과 대학생 자녀를 둔 학부형들이 되어 찾아왔다. 옛

이야기를 함께 나누었다. 오랜 세월이 지났지만 여전히 서로를 기억하는 사람들이 있어 좋았다. 그중에 한창 사춘기 자녀를 둔 부모 몇은 작심을 하고 온 것 같았다.

"목사님, 애들하고 어떻게 해야 돼요?"

"애들, 기도하며 크도록 기다려야지! 허허."

"목사님이 청년 시절에 결혼에 대해서, 말에 대해서, 돈에 대해서는 가르쳐 주셨는데, 자녀와의 관계에 대해서는 안 가르쳐 주셨잖아요. 지금이라도 가르쳐 주세요."

나에게 A/S를 해 달라고 하는 것 같았다. 다 큰 어른이 되었지만 여전히 사랑스럽다.

또 한번은 목사님들 몇 분이 만남을 청해 내 방에서 만났다. 목회를 바르게 잘하려고 노력하는 후배들이다. 어느 정도 규모도 갖췄고 성장하는 교회를 담임하는 그들도 이런 하소연을 한다.

"목사님, 장로님과 관계를 어떻게 해야 합니까?"

장로님들을 잘 섬기고 교인들과 행복하게 지내고 싶은 간절한 소망에서 한 질문이라는 것이 눈빛에서 그대로 전해졌다.

"남편과 관계를 어떻게 회복해야 해요?"

"아내와 옛날에 좋았던 관계로 돌아갈 수는 없을까요?"

"상사 때문에 회사생활이 너무 힘들어요, 어떻게 해야 하죠?"

사람이 둘 이상 모이면 관계가 형성된다. 관계가 좋으면 시너지 효과가 나타나지만 관계에 문제가 생기면 자연히 갈등이 빚어진다. 수많은 '관계'가 맺어진 곳곳에서 그만큼 갈등의 양상도 다양하고 많을 수밖에 없다.

부부관계, 부모와 자녀관계, 형제자매관계, 친구관계, 스승과 제자관계, 상사와 부하관계, 동료관계, 노사관계 등 우리는 많은 관계를 맺으며 그 관계 속에서 산다. 또 관계처럼 상하기 쉬운 것도 없다. 오늘 관계가 좋다고 해서 앞으로 계속 좋을 것이라는 보장이 없다. 친구와 원수가 따로 없다. 친구였던 이가 어느 날 원수로 변하기도 한다.

관계가 힘든 사람들, 관계로 고민하는 사람들, 관계 단절로 괴로워하는 사람들, 관계의 아픔이 병이 된 사람들, 관계가 이어지기를 간절히 소망하는 사람들을 생각하며 모든 관계에서 다 적용할 수 있는 관계원칙을 성경에서 찾아 이 책을 썼다.

하지만 제목에 행복이 들어가서 그런지 앞서 얘기한 제자들마저도 내게 '관계'에 대한 책을 써 달라고 요구했다. 이미 책이 나와 있는데……. 관계행복은 '행복' 책이지 그들이 고민하는 '관계' 치료나 회복을 위한 책이라고 느껴지지 않은 것 같다. 나를 일부러 찾아와 조언을 구한 목사님들에게도. 이런 이유로 개정판 작업을 하면서 제목을 바꾸는 것을 심각하게 고려했었다. 그러나 바뀐 제목을 보고, 전혀 다른 새 책으로 오해하게 하는 것은 도리가 아닌 것 같아 제목은 그대로 하기로 했다.

개정판은 관계를 치료하기 위한 성경의 처방을 찾아 8가지로 정리했다. 이 과정에 생략한 것도 있고, 새로 보충한 것도 있다. 개인이나 소그룹으로 스터디를 할 수 있도록 스터디 가이드를 각 장의 뒤에 새로 만들어 넣었다.

책 내용은 쉽다. 무겁지 않다. 책 내용이 쉽다는 것은 역설적으로 관계가 쉽다는 뜻이기도 하다. 문제는 그 쉬운 것의 실천 여부다. 한 주에 한 가지씩 8주 동안 적용해 보라. 관계가 풀어지는 것을 경험할 것이다. 그렇다고 관계를 통달하는 것은 아니다. 나는 이 책을 가까운 곳에 두고 주기적으로 본다. 적용하기 위해서다. 혹이라도 관계에 대한 책을 썼으니 내가 관계의 달인일 것으로 오해는 말아야 한다. 나 역시 날마다 이 '8관계'를 관계 가운데 적용하기 위해 애쓰고 있는 사람 중 하나다.

도레미파솔라시도. 이 단순한 계이름을 가지고 아름다운 수많은 노래들을 만들듯이 '8관계'를 가지고 우리 함께 날마다 노래를 만들어 부르자. 모든 상황 가운데서 모든 사람과 함께 부르자. 그러다보면 관계가 치료되어 관계를 통해 행복을 누리는 날이 올 것이다.

사랑합니다!

2011년 8월
조현삼 목사

| 목 차 |

개정판 서문 · 4

intro_ 나를 본 눈으로 남을 본다 · 12
사론의 수선화 | 골짜기의 백합화 | 검으나 아름답다 | 계달의 장막 같으나 솔로몬의 휘장 | 가시나무 가운데 백합화 | 수풀 가운데 사과나무 | 자신을 보는 눈으로 다른 사람을 본다! | 관계의 당사자_ 그와 나는 사람이다 | STUDY GUIDE

관계 치료를 위한 8가지 처방

사람과의 관계를 아름답게 01_ 연약한 것은 도와주라 · 29
사람에게는 연약한 것이 있다 | 연약함은 용납하라 | 연약함을 시인하라 | 약함이 곧 강함이다 | 약점에 인생 걸지 말라 | 연약함을 도울 힘이 당신에게 있다 | 도울 때는 상대를 배려하라 | STUDY GUIDE

사람과의 관계를 아름답게 02_ 필요는 채워주라 · 59

사람에게는 필요가 있다 | 필요를 느껴야 한다 | 필요가 찼을 때 채워주라 | 필요는 정당한 방법으로 적당하게 | 다른 사람이 채워줘야 할 부족함 | 다양한 부족함이 있다 | 때로 어른에게도 장난감이 필요하다 | 채워주시는 하나님 | STUDY GUIDE

사람과의 관계를 아름답게 03_ 허물은 덮어주라 · 87

허물과 죄 | 허물처리 지침 | 아버지의 허물 | 지도자의 허물 | 그는 여전히 당신의 지도자 | 허물처리_ 용서하라, 기도하라 | STUDY GUIDE

사람과의 관계를 아름답게 04_ 좋은 것은 말해주라 · 113

좋은 것에 대한 안타까운 반응_ 방치 | 좋은 것에 대한 부정적인 반응_ 시기 | 좋은 것에 대한 부정적인 반응_ 탐심 | 좋은 것에 대한 믿음의 반응_ 위로 | 좋은 것에 대한 믿음의 반응_ 본받음 | 좋은 것에 대한 믿음의 반응_ 사모 | 좋은 것에 대한 믿음의 반응_ 기대 | 좋은 것에 대한 믿음의 반응_ 표현 | STUDY GUIDE

사람과의 관계를 아름답게 05_ 능력은 인정해주라 · 143

능력은 보관용이 아니다 | 능력의 다양성 | 내게 없는 능력은 옆 사람에게 있다 | 모략을 길어 올리는 두레박 | 사람은 인정을 먹어야 산다 | 잘하는 것을 인정해주라 | 하나님의 인정을 받아들이라 | 인정받고 싶으면 | 열쇠는 '그러므로' | 다른 사람을 인정해주라 | 인정하면 인정받는다 | 이웃을 기쁘게 | 누가 나를 인정해줄까 | 능력에 믿음으로 반응하라 | STUDY GUIDE

사람과의 관계를 아름답게 06_ 가족은 돌아보라 · 181

가정설명서대로 | 양극단 | 끝까지 함께 갈 사람 | 여자나라 말을 배우라 | 남자나라 말을 배우라 | 만국 공통어 | STUDY GUIDE

사람과의 관계를 아름답게 07_ 이웃은 더불어 살라 · 205

웃는 이웃과 함께 웃으라 | 우는 이웃과 함께 울라 | 강도 만난 이웃은 돌보아 주라 | 주린 이웃에게 먹을 것을 나눠주라 | 병든 이웃을 고쳐주라 | 고아와 과부와 함께 즐거워하라 | 나그네 된 이웃을 선대하라 | 딱한 이웃으로 인해 마음이 아플 때는 기도하라 | STUDY GUIDE

사람과의 관계를 아름답게 08_ 원수는 없애라 · 283

원수, 그는 누구인가 | 원수를 만들지 말라 | 원수를 없애는 이 땅의 어플 | 원수를 없애는 하늘나라 어플_ 사랑 | 원수를 없애는 하늘나라 어플_ 기도 | 원수를 없애는 하늘나라 어플_ 축복 | 원수를 없애는 하늘나라 어플_ 위탁 | 원수를 없애는 하늘나라 어플_ 용서 | 원수를 없애는 하늘나라 어플_ 하나님을 기쁘시게 | 원수를 없애는 자는 복이 있나니 | 원수가 사명자일 수 있다 | 멀리해야 할 사람도 있다 | STUDY GUIDE

에필로그_ 거기서 여호와께서 복을 명하셨다 · 318

| intro |

나를 본 눈으로
남을 본다

FOR A RELATIONAL HAPPINESS

 아가서에 등장하는 솔로몬과 술람미 여인은 관계를 통해 충분한 행복을 누린 사람들이다. 아름다운 관계, 행복한 관계 속에는 비결이 있지 않을까. 우리는 이런 호기심을 갖고 이 두 사람의 행복한 관계의 원천을 들여다보려고 한다.

 아가서는 신랑과 신부가 함께 부르는 사랑의 노래다. 신랑과 신부가 한 절씩 주고받으며 부르는 아름다운 노래가 처음부터 끝까지 이어진다. 솔로몬과 술람미 여인, 이 두 사람이 부르는 노래다.

두 사람은 각자 자기를 노래했다. 자기 자신이 본 자기를 노래했다. 이 노래를 들어보면 두 사람이 각자 생각하는 '자기'를 엿볼 수 있다.

사론의 수선화

신랑은 자신을 "사론의 수선화요, 골짜기의 백합화"라고 노래했다.

"사론의 꽃 예수"라는 찬송가 가사 때문인지는 몰라도 '사론' 하면 막연하게 아름다운 땅 중의 땅이 그려진다. 그러나 실은 정반대다. 사론은 아름다운 땅, 비옥한 땅이 아니라 척박하고 쓸모없는 땅의 대명사다.

사론은 사론평야를 가리킨다. 이스라엘 백성들이 가나안 땅을 점령할 때 므낫세 반 지파에게 분배해준 지역이다. 이스라엘의 지중해 서쪽 해안에 위치해 있고, 길이가 약 48km, 폭이 평균 16km다. 이 지역을 붉은 색의 모래가 덮고 있는데 이것이 물의 배수를 막아 거대한 습지대를 형성한다. 말라리아가

창궐하는 늪지대다. 그곳에 핀 꽃이 있는데 이름이 수선화다.

사론이란 말의 뜻은 '숲이 우거진 지역'인데, 습지대로 인해 형성된 잡목 숲 때문에 붙여진 이름이다. 고대에서 현대까지 사론평야의 대부분은 잡목과 수풀로 뒤덮여 있어서 농사도 지을 수 없었다. 1차 세계대전 후인 1920년대에 유대인들이 이 땅을 집중 매입해서 이스라엘에서 가장 비옥한 오렌지 주 생산단지로 만들었다.

사론의 수선화는 쓸모없는 땅, 척박한 땅에 피어난 꽃이라는 의미다.

골짜기의 백합화

이스라엘의 골짜기는 험하다. 이스라엘에서 아둘람 굴을 찾기 위해 한나절 동안 골짜기를 걸은 적이 있다. 그때 "나의 발을 사슴과 같게 하사 나를 나의 높은 곳으로 다니게 하시리로다"는 성경의 표현이 무엇을 의미하는지 알았고, "내 걸음을 넓게 하셨고 나를 실족하지 않게 하셨나이다"는 다윗의 고백이 미끄러져 죽지 않게 해주셨다는 고백임을 확인했다.

이스라엘의 골짜기는 험하다. 그 골짜기에 핀 꽃이 백합화다.

쓸모없기는 사론이나 골짜기나 마찬가지다. 사람이 사론에서 살고 골짜기에서 살면 스스로를 사론으로, 골짜기로 보기 쉽다. 환경의 영향을 받기 때문에 그런지 모른다. 신랑은 자신을 사론으로 보고, 골짜기로 볼 수도 있다. 그러나 그는 자신을 사론 가운데 수선화로, 골짜기 가운데 백합화로 보았다. 그에게는 자신을 그렇게 볼 수 있는 눈이 있었다.

검으나 아름답다

신부는 "내가 비록 검으나 아름다우니 게달의 장막 같을지라도 솔로몬의 휘장과도 같구나" 하고 노래했다. 그는 자신을 검다고 했다. 그녀가 검게 된 것은 햇볕 때문이다. 남자 형제들이 노하여 그녀를 포도원지기로 삼았다. 볕에 그을려서 거무스름해진 것이다. 선크림도 없던 시절에 그 뜨거운 땡볕 아래서 하루 종일 그을린 것이다.

게달의 장막 같으나 솔로몬의 휘장

그녀는 자신이 게달의 장막 같다는 것을 알았다.

게달의 장막은 양이나 염소 가죽으로 만든 천막이다. 가죽의 안쪽을 밖으로, 털 있는 쪽을 안으로 해서 만든 천막이다.

이것이 햇빛을 받으면 표면이 검은색으로 변하면서 자글자글하게 갈라진다. 여자에게 검다는 것과 자글자글하게 갈라지고 거칠거칠한 피부는 감추고 싶은 불행으로 여겨질 수 있다.

그녀는 얼마든지 이것 때문에 힘들어하고 이것 때문에 형제들을 원망하며 이것 때문에 우울하게 살 수 있었다. 그러나 그녀는 검은 것과 게달의 장막을 주목하지 않았다. 그것이 자신의 전부라고 생각하지 않았다. 오히려 그 가운데서 자신의 아름다움을 보았고 솔로몬의 휘장과 같은 자신을 발견했다.

그녀에게는 자신이 비록 검으나 아름답게 볼 수 있고 게달의 장막 같을지라도 솔로몬의 휘장과 같이 볼 수 있는 마음의 눈이 있었다. 그래서 당당하게 웃으며 살았고 이렇게 아름다운 사랑의 노래를 부를 수 있었다.

사람은 누구나 사론이 있고 골짜기가 있다. 우리에게도 사론이 있고 골짜기가 있고, 검은 것이 있고 게달의 장막 같은 것이 있다. 이것을 나로, 나의 전부로 볼 것인가. 아니면 그 가운데서 나를 수선화와 백합화로, 솔로몬의 휘장과 같이 볼 것인가. 이 선택에 따라 우리의 삶이 거무스름할 수도 있고 백합화와 같을 수도 있다. 이 선택이 삶의 질을 바꿔 놓는다.

가시나무 가운데 백합화

두 사람이 이번에는 서로를 노래했다.

신랑은 신부를 향해 "여자들 중에 내 사랑은 가시나무 가운데 백합화 같다"며 칭찬했다.

술람미 여인이 자신을 소개한 것을 염두에 두면 솔로몬이 '가시나무 가운데' 라고 표현한 것이 적절한 표현일지 모른다. 거친 삶을 살아왔던 술람미 여인은 외모만 보면 가시나무 같이 보일 수 있기 때문이다. 그러나 솔로몬에게는 그녀를 가시나무가 아니라 가시나무 가운데 백합화로 볼 수 있는 눈이 있었다. 가시나무로 보는 것과 가시나무 가운데 백합화로 보는 것은 달라도 많이 다르다.

자신을 사론의 수선화요 골짜기의 백합화로 보는 사람은 다른 사람도 같은 눈으로 본다. 만약 그가 자신을 사론, 골짜기로만 보았다면 그는 아내를 가시나무로 보았을지 모른다.

수풀 가운데 사과나무

신부는 신랑을 향해 "남자들 중에 나의 사랑하는 자는 수풀 가운데 사과나무 같다"고 노래했다. 신부의 눈에는 신랑이 그렇게 보였다. 신부는 얼마든지 신랑을 수풀로 볼 수 있다. 잡초가 우거진 잡초더미로 볼 수 있다.

그러나 그녀에게는 신랑을 수풀이 아닌 수풀 가운데 사과나무로 볼 수 있는 눈이 있었다. 그녀는 비록 검으나 자신을 아름답게 보았던 눈으로 다른 사람도 보았다. 만약 자신을 검게만 보았다면 그 역시 다른 사람을 잡초더미로 보았을지 모른다.

솔로몬과 술람미 여인에게는 눈이 있었다. 사론 가운데서 수선화를, 골짜기에서 백합화를, 검은 데서 아름다움을, 게달의 장막에서 솔로몬의 휘장을, 가시나무 가운데서 백합화, 수풀 가운데서 사과나무를 볼 수 있는 눈이 있었다. 이들의 결혼생활이 수선화와 백합화가 함께 피어나는 꽃들의 향연이 된데는 이들의 눈도 한몫했다.

쓸모없는 땅과 험한 골짜기와 가시나무가 함께 만나 산다면 그 삶은 많이 곤고할 것이다. 아내 안에서 아름다움을 발견하지 못하고 살아야 하는 남편은 슬프다. 남편 안에서 수선화를 보지 못하고 살아야 하는 아내는 고통스럽다. 상대를 가시나무 가운데 백합화, 수풀 가운데 사과나무로 보기 위해서는 먼저 자기 자신의 사론에서 수선화를 발견하고, 자신의 검은 피부에서 아름다움을 보아야 한다. 그래야 꽃과 함께 살 수 있다. 그래야 사과나무 그늘 아래서 그 열매를 먹는 즐거움을 누릴 수 있다.

우리는 여기서 관계를 행복하게 하는 단순한 사실 하나를 마음에 담을 수 있다.

자신을 보는 눈으로 다른 사람을 본다!

내가 나를 어떻게 보고 어떻게 달하느냐는 것은 단순히 우리 자신의 정체성 문제만이 아니다. 그것은 곧 다른 사람과의 관계성 문제로 이어진다. 자신의 정체성 문제가 다른 사람과의 관계를 힘들게 하고 어렵게 만드는 요인이 될 수 있고, 다른 사람과의 관계를 행복하게 하는 요인이 될 수도 있다.

자신을 귀하게 봐야 다른 사람도 귀하게 본다. 자신을 본 그

눈으로 다른 사람도 보기 때문이다. 성경을 보면 눈을 열어 달라고 기도하는 사람과 그 기도를 들으시고 눈을 열어 주시는 하나님이 등장하고 안약이 등장한다. 만약 자신이 사론으로, 골짜기로, 검게, 게달의 장막으로 보인다면 안약을 사서 눈에 넣어야 한다. 다른 사람이 가시나무로, 잡초더미로 보인다면 눈을 열어 달라고 기도해야 한다. 그러면 나와 남에게서 백합화와 수선화와 사과나무가 보일 것이다. 이것이 좋은 관계의 원천이다.

관계의 당사자_ 그와 나는 사람이다

사람은 어떤 존재인가. 성경을 통해 사람이 어떤 존재인지를 찾아보았다. 이런 과정을 통해 사람이라면 모두에게 있는 다섯 가지를 발견했다. 그것은 연약함, 필요, 허물, 좋은 점, 능력이다.

사람은 누구나 연약함이 있고, 필요가 있고, 허물이 있고, 좋은 것이 있고, 능력이 있다. 사람은 가족이거나 이웃이거나 원수다. 이 사람이 관계의 당사자다. 나와 상대, 모두에게 있는 연약함, 필요, 허물, 좋은 것, 능력에 어떻게 반응하고 어떻게 대응할 것인가. 어떻게 대응하느냐에 따라 관계는 풀리기도 하고 맺히기도 하고, 병이 들기도 하그 치료되기도 한다. 이제 우리는 사람임을 고백하며 사탐과 관계를 맺으러 가려고 한다.

나를 본 눈으로 남을 본다

- 함께 읽을 말씀 : 아가 1장 1절 – 2장 7절
- 마음에 새길 말씀 : 아가 1장 5절

좋은 관계를 위해 기본으로 전제되어야 할 것들이 있다. 그중에 하나는 하나님의 은혜다. 은혜는 구해 받는 것이다. 우리가 은혜를 구할 때 하나님은 때로 그 은혜를 다른 사람을 통해서 주시기도 한다. 우리는 이것을 "사람에게 은혜를 입었다"고 말한다. 사람에게 은혜를 입어야 그와 좋은 관계가 지속적으로 유지된다.

1. 관계 가운데 임한 하나님의 은혜를 한번 생각해 보라. 사람들과 관계가 좋다면 그 가운데는 하나님의 은혜가 있다. 하나님이 다른 사람을 통해 주신 은혜, 다른 사람에게 입은 은혜가 있다. 느헤미야가 아닥사스다 왕 앞에 나가기 전에 한 기도가 있다. 그 기도의 내용은 무엇이고 결과는 어떻게 되었는지 느헤미야서에서 찾아보라(느 1:1-11).

2. "나를 본 눈으로 남을 본다"를 읽는 중어 마음에 가장 와 닿은 것은 무엇인가? 왜 그렇게 느꼈는가? 자신에게 약한 부분이 생각났는가 아니면 나도 그렇게 하고 싶기 때문인가?(관계행복〈이하 본문〉 pp.19-20 참고)

3. 사론의 수선화, 골짜기의 백합화의 의미는 무엇일까?(아 2:1, 본문 pp.13-15 참고)

4. 나에게 사론은 무엇이고 골짜기는 무엇인가? 또 수선화는 무엇이고 백합화는 무엇인가?

5. "내가 비록 검으나 아름답고, 게달의 장막 같으나 솔로몬의 휘장과도 같다"는 말의 의미는 무엇인가?(아 1:5, 본문 pp.15-16 참고)

6. 나에게 '검은 것'은 무엇이며 '게달의 장막'은 무엇인가? 그것을 어떻게 아름다운 것과 솔로몬의 휘장과 같은 것으로 느낄 수 있을까?

7. 나는 스스로를 어떻게 보고 있는가? 솔로몬이나 술람미 여인처럼 표현해 보라.

8. 가시나무 가운데 백합화, 수풀 가운데 사과나무의 의미는 무엇인가?(아 2:2-3, 본문 pp.17-19 참고)

9. 나와 밀접한 관계를 맺고 있는 그 사람의 가시나무는 무엇이고 수풀은 무엇인가? 나는 그 가운데 있는 백합화와 사과나무를 보고 있는가? 그에게서 백합화와 사과나무는 무엇인가?

10. 나는 다른 사람에게서 백합화와 사과나무를 보지 못하고 있지는 않을까? 그가 가시나무와 수풀로만 보이는 것은 아닐까?

11. 사람에게 공통적으로 있는 다섯 가지 특성은 무엇인가?(본문 pp.19-21 참고)

12. 이 과를 통해 받은 은혜를 함께 나누라.

관계 치료를 위한 8가지 처방

FOR A RELATIONAL HAPPINESS

01_ 연약한 것은 도와주라
02_ 필요는 채워주라
03_ 허물은 덮어주라
04_ 좋은 것은 말해주라
05_ 능력은 인정해주라
06_ 가족은 돌아보라
07_ 이웃은 더불어 살라
08_ 원수는 없애라

FOR A RELATIONAL HAPPINESS

사람과의 관계를 아름답게
01_ 연약한 것은 도와주라

하나님의 창조를 통해 사람의 역사는 시작되었다. 하나님께서 먼저 남자를 창조하셨다. 그의 이름은 아담이다. 하나님이 남자를 창조하신 후에 "사람이 혼자 사는 것이 좋지 아니하니 내가 그를 위하여 돕는 배필을 지으리라" 하시고 아담을 깊이 잠들게 하신 후 그 갈빗대로 여자를 만드셨다.

사람이 혼자 사는 것이 하나님 보시기에 좋지 않았던 이유는 바로 이어 하나님이 말씀하신 '돕는 배필' 속에서 찾을 수 있다. 하나님은 사람을 지으시되 혼자 온전하거나 완전하게 짓지 않으셨다. 다른 사람의 도움을 받아야 하는 존재로 지으셨다. 하나님이 능력이 모자라서 실수하신 것이 아니다. 이것은 사람을 관계 속에서 살게 하시려는 하나님의 아이디어다. 사람이 혼자 사는 것이 좋지 않고, 더불어 사는 것이 좋은 이유는 처음 사람이 지음 받을 때부터 하나님은 사람을 함께 살도록 디자인하셨기 때문이다. 사람은 처음 지음을 받을 때부터 다른 사람의 도움을 받아야 할 연약함이 있는 존재로 지음 받았다.

사람에게는 연약한 것이 있다

사람에게 연약함이 있는 것은 이상한 일이 아니라 당연한 일이다. 사람이 갖고 있는 연약함은 다양하다. 몸이 연약할 수 있고, 마음이 연약할 수 있다. 나면서부터 갖고 있는 연약함일 수 있고, 살면서 갖게 된 연약함일 수 있다. 한두 가지 연약함이 있는 이가 있는가 하면 여러 가지 연약함을 갖고 있는 이가 있다.

연약함 중에는 누가 봐도 연약함인 것이 있다. 자신이 보기에도 연약함이고, 다른 사람이 보기에도 연약함인 경우다. 연약함 중에는 스스로 만든 연약함도 있다. 다른 사람들은 그것을 연약함이라고 생각하지 않는데 스스로 연약함이라고 생각하는 경우다.

예를 들면 이런 것이다. 성격이 급한 사람이 있고, 느긋한 사람이 있다. 남자가 있고 여자가 있다. 키가 작은 사람이 있고, 큰 사람이 있다. 대한민국에서 태어난 사람이 있고, 미국에서 태어난 사람이 있다. 피부색이 검은 사람이 있고 흰 사람이 있다. 몸무게가 50kg이 넘는 사람이 있고 그렇지 않은 사람이 있다. 이런 것들은 연약함이 아니다. 그런데 이것을 연약함으로, 자신의 약점이라고 생각하는 사람이 있다.

연약함을 만드는 사람들은 자신의 연약함만 만드는 것이 아니라 다른 사람의 연약함도 만든다. 당사자나 다른 사람은 연약함이라고 생각하지 않는 것을 내가 연약함이라고 생각하는 것들이 여기 해당한다.

안타까운 것은 연약함이 아니지만 스스로 연약함이라고 하면 그것 역시 그의 연약함이 된다는 사실이다. 타고난 연약함의 무게나 스스로 만든 연약함의 무게는 같다. 스스로 연약함을 만들고 그것을 지고 사는 인생은 피곤하다. 자신의 연약함 중에 스스로 만든 연약함이 있다면 결자해지가 필요하다. 주어진 연약함이 아니라 자신이 만든 연약함이니 그것을 원래 상태로 되돌리는 것이다. 그동안 자신의 연약함 폴더에 보관하고 있던 '그것'을 원래 폴더로 옮기는 것이다.

자신의 연약함이든 다른 사람의 연약함이든, 실제적인 연약함이든 자신이 만든 연약함이든, 그 연약함에 대해 우리는 다양한 반응을 할 수 있다.

자신의 연약함 때문에 힘들어하고, 그 연약함 때문에 자신감을 잃고, 그 연약한 자신을 싫어하고 미워할 수 있다. 연약한 자신 때문에 괴로워하며 그 연약함이 드러날까 봐 가슴 졸이며 그것을 감출 수도 있다. 그 연약함 때문에 분노하고 증오하고 우울하게 살 수도 있다. 또한 자신의 연약함을 있는 모습 그대로 받아들이고 도구나 다른 사람들의 도움을 받으며 살 수도 있다. 자신의 연약함을 잘못 처리하면 열등감이 형성된다. 열등감이란 자신의 연약함에 부정적으로 반응하는 것이다.

다른 사람의 연약함에 대해 무시하고, 멸시하고, 무관심하고, 놀리고, 지적하고, 괴롭히고, 싫어하고, 실망하고, 힘들어하고, 괴로워하고, 버거워하고, 지적하고, 비판할 수도 있고, 있는 모습 그대로 용납하며 긍휼한 마음으로 도와줄 수도 있다.

하나님은 우리에게 연약함을 담당하라고 하신다.

> 믿음이 강한 우리는 마땅히 믿음이 약한 자의 약점을 담당하고 자기를 기쁘게 하지 아니할 것이라. 로마서 15장 1절

약점을 담당하라는 의미를 두 가지로 적용할 수 있다. 하나는 그 연약함을 용납하는 것으로, 또 하나는 그 연약함을 도와주는 것으로.

연약함은 용납하라

하나님은 연약함을 용납하라고 하신다. 용납은 있는 그대로 받아들이는 것이다. 자신의 연약함이든 다른 사람의 연약함이든 연약함은 용납해야 한다. 그것이 누가 보아도 연약한 연약함이든 스스로 만든 연약함이든 용납해야 한다.

연약함을 용납하기 위해서는 연약함을 인정해야 한다. 연약함을 부인하거나 부정하려고 하지 말고, 이것이 나의 연약함이라고 인정하는 것이다. 그리고 그것을 있는 모습 그대로 받아들이는 것이다. 모국어밖에 못하는 것을 스스로 연약함이라

고 부르고 그것 때문에 힘들다면, 열심히 언어 공부해서 외국어 하나 더 하면 된다. 공부를 해도 안되거나, 아무리 생각해도 언어적인 재능이 없는 것 같다면 힘들어하지 말고 그것을 받아들이고 모국어를 잘하고 살면 된다. 필요하면 번역가의 도움을 받고, 통역자의 도움을 받으면 된다. 모국어만 하고도 잘 사는 사람들이 지구상에는 얼마나 많은가.

장애가 있다면 그 장애를 받아들이는 것이다. 있는 모습 그대로 받아들이는 것이다. 피부가 검은 것은 연약함이 아니다. 그러나 그것을 연약함으로 부르고 있다면 자신의 피부가 검은 것을 받아들이는 것이다. 때밀이 수건으로 목욕탕에 가서 피 나도록 얼굴을 문지를 필요 없다. 그렇다고 피부가 하얗게 되는 게 아니다. 딱지만 앉을 뿐이다.

용납, 이것이 연약함을 대하는 1차적인 자세다. 그 다음에 이 연약함을 강하게 할 것인지, 아니면 그대로 안고 갈 것인지를 결정해야 한다. 약점을 강하게 할 것인지, 아니면 그 약점을 안고 가면서 도구나 사람들을 통해 보완할 것인지를 결정해야 한다. 연약함을 개선할 필요가 있다. 약점을 장점으로 만들 필요도 있다. 하지만 많은 경우 그 연약함은 안고 가는 것이 좋다. 자신의 연약함이든, 다른 사람의 연약함이든 그 연약함은 안고 가는 것이 필요하다. 우리의 연약함 중에는 평생 안고 가야 할 연약함도 있다.

혹자는 자신의 연약함을 장점으로 바꾸기 위해 인생을 걸기도 한다. 이렇게 하겠다고 나서는 사람이 있으면 말리고 싶다. 자신의 약점을 고치는 데 인생을 거는 것은 안타까운 일이다. 왜냐하면 비효율적이기 때문이다.

나는 놀이공원을 가면 회전목마 정도만 탄다. 청룡열차는 보기만 해도 현기증이 난다. 한번은 모르고 놀이공원에서 바이킹을 탔다가 얼마나 혼났는지 모른다. 같이 탄 사람들은 소리를 지르며 환호를 했지만 나는 바이킹이 위에서 아래로 내려갈 때면 심장이 내려앉는 것 같아서 얼마나 힘들었는지 모른다. 함께 데리고 간 초등학생 손을 얼마나 세게 잡았던지 나중에 보니 그 아이 손이 벌게져 있었다. 이런 연약함은 안고 가면 된다. 무서운 것은 안 타면 된다. 굳이 담력을 키우겠다고 놀이공원에 가서, 번지 점프대 앞에서 공포에 떨 필요는 없다. 이것이 연약함이라면 그냥 안고 가면 된다.

연약함을 시인하라

예수님이 잡히셨다. 안나스에게 심문당하시고 가야바에게 심문당하셨다. 예수님의 제자 베드로는 군병들에게 끌려가신 예수님을 대제사장의 집 뜰 안까지 따라갔다. 그때는 추웠다. 사람들이 숯불을 피우고 서서 쬐고 있었다. 베드로도 함께 불을 쬐었다. 베드로를 알아보는 사람들이 거기 있었다. "너도 그 제자 중 하나가 아니냐?" 베드로는 "나는 아니라"고 부인했다. 세 번이나 부인했다. 닭이 울었다.

베드로가 예수님을 부인한 이유는 여러 가지일 수 있다. 그 중 하나를 하나님께서 마음에 넣어 주셨다.

이것을 설명하기 위해서는 베드로가 예수님을 부인하기 전, 예수님이 체포당하기 전에 베드로에게 하신 말씀과 그에 대한 베드로의 대답을 살펴볼 필요가 있다. 예수님은 베드로에게 "오늘 밤 닭 울기 전에 네가 세 번 나를 부인하리라"고 말씀하셨다. 이것은 베드로가 얼마나 약한지를 일러주신 것이다. "너는 약하다"는 예수님의 말씀에 베드로는 자신이 얼마나 강한지를 강변했다. "내가 주와 함께 죽을지언정 주를 부인하지 않겠나이다." 이것은 "예수님, 나는 약하지 않습니다. 나는 강합니다. 나는 죽으면 죽었지 주를 부인할 사람이 아닙니다"라는 자신감의 표현이다.

이렇게 말한 베드로가 잠시 후, 닭이 울기 전에 세 번 예수님을 부인했다. 우리는 이 둘 사이, '내가 주와 함께 죽을지언정 주를 부인하지 않겠다'는 각오와 '나는 아니라'는 부인 사이를 주목할 필요가 있다.

베드로가 자신의 약함을 부인한 후에 예수님은 제자들을 데리고 겟세마네 동산으로 가셨다. 제자들에게 나와 함께 기도해 달라고 하시고 조금 나아가서 기도하셨다. 그러나 베드로를 비롯한 제자들은 잤다. 예수님은 기도 중간에 오셔서 베드로에게 "시험에 들지 않게 깨어 있어 기도하라"고 부탁하셨다. 그래도 그들은 기도하지 않고 잤다.

베드로를 비롯한 제자들이 기도하지 않고 잠을 잔 이유는 피곤하기 때문이었다. 마음은 원이지만 육신이 약했다. 또 하나의 이유가 있다. 베드로에게는 기도의 필요성과 절박성이 없었다.

만약 베드로가 예수님이 "네가 약하다"고 하실 때 "네, 주님 저는 약합니다" 하고 자신의 약함을 시인했다면 그에게는 기도할 이유와 필요와 절박함이 있었을 것이다. 그랬다면 베드로는 이렇게 기도했을 것이다. "하나님, 저 의지로는 예수를 부인할 수밖에 없습니다. 하나님, 저를 도와주세요. 범사에 주를 몸으로, 삶으로 시인할 수 있게 도와주세요."

베드로는 예수님이 "오늘 밤 닭 울기 전에 네가 세 번 나를 부인하리라"고 경고하실 때, 말씀에 의지하여 자신의 약함을 시인했어야 한다. 오직 성령이 아니고는 누구도 예수를 주라고 시인할 수 없음을 인정했어야 한다. 자신의 의지가 아니라 주님의 말씀에 의지해서 자신의 약함을 시인했어야 한다. 그러나 그는 자신의 약함을 부인했다. 안타깝게도 베드로는 "오늘 밤 닭 울기 전에 네가 세 번 나를 부인하리라"는 주님의 말씀보다 "주와 함께 죽을지언정 주를 부인하지 않겠다"는 자신의 의지를 신뢰했다.

죽을지언정 주를 부인하지 않겠다는 것은 당시 베드로의 마음이었다. 그의 의지였다. 그의 결심이었다. 그랬기에 그는 '너는 죽음 앞에서 나를 부인할 수 있는 약한 존재라'는 주님의 평가에 이렇게 대답한 것이다.

그는 자신의 의지대로, 결심대로 주와 함께 죽을지언정 주를 부인하지 않을 줄 알았다. 그래서 그는 자신의 약함을 시인하지 않았다. 자신의 약함을 부인했다. 강한 그는 기도하지 않았다. 더 정확히 기도할 필요를 느끼지 못했다. 만약 베드로가 예수님의 말씀에 따라 자신의 연약함을 인정했다면 그는 분명히 기도했을 것이다. 예수를 부인하지 않을 수 있는 힘을 달라고 구하고 또 구했을 것이다.

여기 나오는 베드로는 다른 사람이 아니라 우리 자신이다. 우리는 베드로와 같이 약하다. 우리는 돈에 약하다. 이성에 약하다. 명예에 약하다. 권력에 약하다. 이지 우리다. 다른 사람은 이럴지 몰라도 나는 아니라고 부인하지 말아야 한다. 돈은 초월했고 이성에는 관심이 없고 명예와 권력에는 미동도 하지 않을 수 있다고 자신해서는 안 된다. 사람은 약하다. 자신이 약하다는 것을 시인하면 기도한다. 이것을 시인하면 조심한다. 성령의 도움을 구하고, 주변 사람들의 도움을 구한다. 제도적인 장치와 시스템을 통해 보완한다.

약함이 곧 강함이다

일반적으로 연약함 때문에 힘들어한다. 그런데 약함이 있는 사람에게 복음이 있다. 기쁜 소식이 있다. 하나님은 약함을 통해 일하신다. 바울에게 약함이 있었다. 그 약함이 정확하게 무엇인지는 모른다. 성경에는 육체의 가시라고만 나와 있다. 바울의 고백을 자세히 들어보면 약한 것들이 그에게 있었다. 하나의 약함이 아니라 여러 개의 약함이 그에게 있었다. 그럼에도 그는 이 약함 때문에 힘들어하거나 위축되지 않았다. 오히려 그 약함 때문에 신이 났다. 약함 속에 있는 강함을 발견했기 때문이다. 바울의 말을 들어보자.

> 여러 계시를 받은 것이 지극히 크므로
> 너무 자만하지 않게 하시려고
> 내 육체에 가시 곧 사탄의 사자를 주셨으니
> 이는 나를 쳐서 너무 자만하지 않게 하려 하심이라.
> 이것이 내게서 떠나가게 하기 위하여
> 내가 세 번 주께 간구하였더니
> 나에게 이르시기를 내 은혜가 네게 족하도다.
> 이는 내 능력이 약한 데서 온전하여짐이라 하신지라.
> 그러므로 도리어 크게 기뻐함으로 나의 여러 약한 것들에 대하여
> 자랑하리니 이는 그리스도의 능력이 내게 머물게 하려 함이라.
> 그러므로 내가 그리스도를 위하여 약한 것들과 능욕과 궁핍과
> 박해와 곤고를 기뻐하노니 이는 내가 약한 그 때에 강함이라.
>
> 고린도후서 12장 7-10절

바울은 연약함을 위해 하나님께 기도하던 중에 자신의 능력이 약한 데서 온전하여진다는 귀한 진리를 깨달은 것이다. 이것을 깨닫고 나니 이제까지 약한 것 때문에 힘들고 무겁던 마음이 가벼워졌다. 그는 이제 도리어 자신의 연약한 것에 대하여 크게 기뻐하며 자랑하고 있다.

그 이유를 "그리스도의 능력이 내게 머물게 하려 함이라"고 설명했다. 바울은 약한 그때가 곧 강함인 것을 깨달은 것이다. 자신의 약한 것들에 그리스도의 능력이 임하면 강함이 된다는 사실을 깨달은 것이다. 이것을 깨달은 바울은 이렇게 고백한다.

> 형제들아, 너희를 부르심을 보라.
> 육체를 따라 지혜로운 자가 많지 아니하며
> 능한 자가 많지 아니하며 문벌 좋은 자가 많지 아니하도다.
> 그러나 하나님께서 세상의 미련한 것들을 택하사
> 지혜 있는 자들을 부끄럽게 하려 하시고
> 세상의 약한 것들을 택하사 강한 것들을 부끄럽게 하려 하시며
> 하나님께서 세상의 천한 것들과 멸시 받는 것들과
> 없는 것들을 택하사 있는 것들을 폐하려 하시나니

이는 아무 육체도 하나님 앞에서 자랑하지 못하게 하려 하심이라. 고린도전서 1장 26-29절

약점에 인생 걸지 말라

연약함은 안고 가고 자신의 장점에 인생을 걸어야 한다. 약점을 개선하는 데 시간을 쓰기보다 장점을 발전시키는 데 시간을 쓰는 것이 효율적이다. 우리의 인생은 시간이 정해져 있다. 우리는 제한된 시간을 산다. 그 시간을 효율적으로 써야 한다. 약점을 개선하는 일과 장점을 발전시키는 일에 같은 시간을 써보면 어느 것이 효율적인지 알 수 있다. 연약함을 개선하는 데 1만 시간을 쓴 사람과, 그것은 안고 가기로 하고 자신의 장점을 발전시키는 데 1만 시간을 쓴 사람 중 누가 성공하겠는가. 연약함은 1만 시간을 들여도 그 진보함이 아주 미미하지만, 장점에 1만 시간을 들이면 경지에 오른다. 그 연약함이 죄가 아니라면 안고 가라. 자신의 연약함이든, 다른 사람의 연약함이든 마찬가지다.

연약함을 용납했다면, 이제 한 걸음 더 나아가 연약함을 도우라. 나의 연약함은 도움을 받아야 하고, 다른 사람의 연약함

은 도와야 한다. 사람이 도울 수 있고, 기구나 도구를 이용해서 연약함을 보완할 수 있다. 자신의 연약함을 보완할 수 있는 도구나 기구를 찾아 사용하는 것도 연약함을 보완하는 방법이다. 다른 사람에게 그 사람의 연약함을 보완할 도구나 기구를 추천해주거나 선물하는 것도 그를 돕는 한 방법이다.

내 경우는 글씨가 연약함이다. 내가 글씨를 편하게 써서 교역자에게 주면 선임교역자에게 가지고 가서 해석을 의뢰하는 경우가 종종 있다. 나는 글씨를 예쁘게 쓰는 사람들을 보면 부러웠다. 학교 다닐 때도 내용은 좋은데 글씨 때문에 손해를 본 경우도 있다. 내가 이름을 쓰면 그것이 그냥 사인이다. 성의 없게 쓴 것 같은 그런 느낌의 필체다. 이것을 보완하기 위해 펜글씨도 해봤고, 정자로 글쓰기도 해보았는데 별반 개선되지 않았다.

이것을 보완할 도구를 찾다 타자기로 눈이 갔다. 마라톤 타자기를 사다 사용했다. 얼마나 좋던지. 이런 가운데 개인 컴퓨터가 출시되었다. 1990년으로 기억되는데 당시 AT컴퓨터를 세운상가에 가서 샀다. 신학대학원생에게는 꽤 큰 부담이지만 컴퓨터를 구입했다. 지금이나 그때나 컴퓨터 값은 100만 원대인 것 같다. 당시 한글 워드프로세스 1.2버전을 구입해서 사용했다. 지금 나는 워드프로세스를 포함한 컴퓨터를 입속의 혀처럼 사용한다. 교적을 컴퓨터로 관리하고 수천 명 교인들의 교적을 스마트폰 안에 넣고 다닌다. 필요한 경우 언제 어디서나 검색할 수 있다. 나만이 아니라 교역자들 전체가 그렇게 하고 있다.

나는 컴퓨터를 일찍 접한 케이스에 속한다. 우리 교회 홈페이지가 교회 중에는 다섯 손가락 안에 들 정도로 그 시작이 빨랐다. 이런 것들이 다 나의 연약함인 손글씨를 보완하기 위해 컴퓨터를 사용하면서 덤으로 얻게 된 열매들이다. 만약 지금도 내가 손글씨의 연약함을 보완하겠다고 날마다 하루 한 시간씩 붓글씨를 쓰고, 펜글씨를 쓰고 있다면 어떤 결과가 났을까. 아마 아주 미미하게 글씨체가 조금은 좋아졌겠지만 뛰어난 진보는 없었을 것이다. 지금 생각해도 잘한 일이다. 손글씨의 연약함이 오히려 나의 삶과 사역에 큰 유익이 된 것이다.

나는 소위 길치다. 공간지각 능력이 약한 것 같다. 몇 번 간 길도 갈 때마다 새롭다. 우리 교역자들 사이에 회자되는 말이 있다. 길은 내게 묻지 말라는 것이다. 왜냐하면 내가 길에 대해 얘기했다가 대부분 한두 번씩은 다 돌아간 기억이 있기 때문이다. 그래서 할 수 있으면 나는 차를 타면 다른 것은 몰라도 길에 대해서는 말하지 않으려고 한다. 하나님이 이런 나를 위해 개발해주신 것이 내비게이션이다. 이것이 나오기 전까지는 지방에 갈 일이 있으면 일단 그 지방까지 간 다음에 택시를 세워 약도를 택시 기사에게 주고 안내를 해달라고 하고 따라갔다. 택시 내비게이션을 이용했다. 돈이 조금 들기는 했지만 이것 때문에 '나는 왜 이럴까' 하며 힘든 시간을 보내지는 않았다.

나는 응용력은 뛰어난데 암기력은 약하다. 내게 암기하는 것은 고역스러운 일이다. 그런데 순장반이라고, 순장들과 함께 한 주에 한 번씩 만나 성경을 공부하는 시간에 요절 암송을 한다. 요절을 못 외우면 벌금이 1,000원이다. 순장반에는 특별 제도가 있다. 한 학기 요절 암송을 10,000원에 할인해주는 제도다. 학기 초에 만 원만 내면 요절 암송으로부터 자유롭다. 물론 매 학기 나는 한 학기 벌금을 낸다. 순장들 중에도 나와 같은 사람이 몇 있다. 그러다 보니 성경 내용은 알겠는데 그것이 몇 장 몇 절인지를 잘 모른다. 그런데 감사하게도 하나님이 성경검색 프로그램을 개발해주셨다. 찾고자 하는 단어 한두 개만 넣어도 그 구절이 있는 곳을 가르쳐주니 얼마나 좋은지 모르겠다. 이 프로그램이 컴퓨터 안에도 있고, 내 스마트폰 안에도 있다.

연약함은 도구나 기구나 프로그램으로 보완할 수 있으면 그렇게 하면 된다. 안경이나 콘택트렌즈, 보청기도 훌륭한 도구들이다. 의족이나 의수, 휠체어와 전동 휠체어 같은 경우도 훌륭한 도구다.

연약함은 사람의 도움을 받아 보완할 수도 있다. 외국어가 안되는 사람은 통역자와 번역자의 도움을 받아 외국어를 하지 못하는 것을 보완할 수 있다. 말은 잘하는데 그것을 글로 잘 표현하지 못한다면 문필가의 도움을 받으면 된다. 비서를 두고 참모를 두는 것도 사람을 통해 도움을 받는 방법 중에 하나다. 추진력은 있는데 세밀하게 그것을 챙기지 못하는 성격이라면 그것을 보완해줄 참모나 직원을 채용하면 된다. 무서워 운전을 못하겠다는 사람이 있다. 그렇다면 대중교통을 이용하거나 형편이 되면 기사를 두면 된다.

연약함을 도울 힘이 당신에게 있다

사람의 연약함은 도와야 한다. 우리의 눈에 다른 사람의 연약함이 보였다면, 어쩌면 그것이 우리 자신에게는 강함일 수 있다. 우리에게 그 연약함을 도울 힘이나 돈이나 재능이 있다는 방증일 수 있다.

사람은 도움을 주고받으며 사는 존재다. 앞서 살펴본대로 하나님께서 만드시기를 그렇게 만드셨다. 스스로, 혼자서 살도록 만드신 것이 아니다. 서로 도우며 살도록 하나님이 사람을 창조하셨다. 사람이 타락하기 이전부터 사람은 사람의 도움을 받아야 하는 존재였다.

도움을 받을 때는 감사함으로 받아야 한다. 도움 받는 것을 기분 나쁘게 생각하지 말아야 한다. 도움 받는 것을 자존심 상해하는 사람들이 있다. 사람은 사람으로 살 때 행복하다. 사람은 도움을 받아야 살 수 있다. 송아지는 태어나면 제 발로 걸어다니며 어미젖을 빨아 먹지만 사람은 태어나서 도와주지 않으면 죽을 수밖에 없다. 태어날 때부터 도움이 없으면 생존이 불가능한 존재가 사람이다.

이 세상에 있는 사람은 그 누구라 할지라도 받아야 할 도움이 있다. 스스로 모든 것을 다 해결하면서 살아갈 수 있는 사람은 없다. 서로 도와야 한다. 도움을 주고, 도움을 받아야 한다. 우리 모두는 도움을 받아야 할 연약함이 있고 도울 수 있는 힘이 있다.

사람을 만날 때마다 우리는 늘 내가 도와야 할 것이 무엇인지를 찾아야 한다. 우리가 만나는 사람은 그가 누구라 할지라도 우리의 도움이 필요하다. 대통령을 만나고, 재벌회사 회장을 만나도 그가 우리에게 받아야 할 도움이 있고, 우리가 그에게 받아야 할 도움이 있다. 사람과 교제를 하면 연약함이 보일 것이다. 실망하지 말라. 그 부분이 바로 우리 몫이다. 우리가 도와야 할 부분이다.

우리 안에 장애인 가정이나 모자 가정의 가장으로 힘겹게 살고 있는 형제자매들이 있다. 이들은 늘 우리 마음 안에 머물러 있다. 이들이 안정되게 살아갈 생활 터전이 있었으면 좋겠다. 그것을 위해 기도하다 교회가 마련해주면 좋겠다는 생각을 했다. 장로님들과 기도하며 하나님의 지혜를 구했다. 이들의 입장이 되어 할 수 있는 일을 찾아보았다. 쉽지 않았다. 그런 중에 생각한 것이 성도들로부터 집에서 사용하지 않는 물건을 기증받아 이들로 하여금 그것을 판매해 생활하게 하면 어떨까 하는 것이었다. 작은 가게 하나를 얻어주면 되지 않을까 하는 생각을 했다. 이것이 나눔마켓을 마련하게 된 계기다.

나눔마켓은 우리가 잘 알고 있는 아름다운 가게와 비슷하다. 다만 차이는 아름다운 가게가 그곳에서 얻어지는 수익으로 어려운 이웃을 돕는다면 나눔마켓은 그 수익이 어려운 이웃의 생활비가 된다는 점이다. 나눔마켓에서 얻은 수익 모두가 그 마켓을 운영하는 장애인 가정이나 모자 가정의 생활비가 되기 때문이다.

도울 때는 상대를 배려하라

돕는 일을 할 때는 도움을 받는 사람을 배려해야 한다. 도움 받는 입장을 고려해야 한다. 우리 교회가 헌금을 집행하는 원칙이 있다. '하나님께 영광, 헌금한 성도들에게 보람, 이웃에게 기쁨'이다. 세 번째 '이웃에게 기쁨'이란 당사자에게 기쁨이 되도록 집행한다는 의미다. 그래서 도움을 주는 일인 경우 교회로 불러 교인들 앞에서 전달하는 일은 하지 않는다. 선교사에게 차를 사 주는 경우는 성도들이 다 참석한 가운데 따뜻한 박수로 격려하며 전달하지만, 소녀가장 학비는 공개적인 자리에서 주지 않는다. 개인적으로 찾아가 전달하거나, 온라인으로 통장에 입금해준다. 도움을 받는 그 소녀를 향한 우리의 배려다. 도움을 받는 것은 감사한 일이지만 공개적인 자리에서 자신이 소녀가장인 것을 드러내야 하는 것은 소녀 입장에서 고통스러운 일일 수 있다. 그 소녀의 친구들이 우리 교회 안에 없다는 보장도 없다.

돕는 일을 할 때 자신의 생각에 이렇게 해주면 좋겠다고 해서 일방적으로 해서는 안 된다. 상대의 입장을 배려해야 한다. 도움 받는 사람들이 무시당했다고 느끼지 않도록 사려 깊게 해야 한다.

지방에 있는 어느 교회를 도울 때였다. 우리는 오랫동안 그 교회를 돕는 일을 마음에 두고 있었다. 그러다 어느 날 하나님께서 도울 수 있는 마음과 재정을 주시고 그렇게 할 수 있도록 뜻도 모아주셨다. 너무 기쁜 나머지 차를 몰고 그 교회를 찾아갔다. 그리고는 그 교회 목사님과 함께 예배당 건물을 보러 다녔다. 그러다 좋은 건물 하나를 발견해 그날로 계약까지 다 하고 신나는 마음으로 서울로 올라왔다.

그런데 문제가 생겼다. 그 교회 성도들이 이것을 무시를 당한 것으로 받아들인 것이다. 교회를 이전하는 문제를 교인들과 의논도 하지 않고 일방적으로 결정했다고 그 교회 담임목사님에게 항의를 한 것이다. '아차' 싶었다. 워낙 오랫동안 그 교회가 우리 마음에 있었기 때문에 우리는 때가 되었다고 기쁜 마음으로 내려가 도운 일인데, 그만 그것이 그 교회 성도들을 무시한 것으로 비쳐진 것이다. 전혀 그런 의도가 아니었지만 결과적으로 교회를 돕는다고 한 일이 교인들 마음을 아프게 한 것이다. 일방적으로 도와주면 간섭하는 것으로, 무시하는 것으로 비쳐질 수도 있다. 도울 때는 항상 도움을 받는 사람 입장을 생각해서, 그 입장을 배려해서 해야 한다.

연약한 것은 도와주라

- 함께 읽을 말씀 : 창세기 2장 18-23절
- 마음에 새길 말씀 : 로마서 15장 1절

1. 사람은 처음부터 도움이 필요한 존재로 지음 받았다. 다른 사람의 도움이 있어야 살 수 있는 연약함이 사람에게 있다는 의미다. 전능하신 하나님이 사람을 이렇게 만드신 이유는 무엇일까?(창 2:18, 관계행복〈이하 본문〉 pp.29-30 참고)

2. 사람에게는 연약한 것이 있다. 나의 연약함은 무엇일까? 당신이 연약하다고 생각하는 것들을 따로 적어 보라. 자신만 보기 위한 것이다. 다른 사람과 나눌 때는 이 중에서 나눌 수 있는 것들을 골라 나누라.

3. 연약함 중에는 자신이 만든 연약함도 있다(분문 pp.31-32 참고). 당신의 연약함 목록 중에 당신이 만든 연약함은 없는지 체크해 보라. 그것을 자신의 연약함 목록에 계속 둘 것인지 여부를 결정하라. 이번 기회에 이것들을 자신의 연약함 목록에서 제거하는 은혜를 구하자.

4. 자신의 연약함에 대해 당신은 어떻게 반응하는가? 앞서 작성한 자신의 연약함 리스트에 각각 어떻게 반응하는지 적어보는 것도 좋은 방법이다(본문 pp.31-32 참고).

5. 나는 나의 연약함에 반응하는 것과 같은 방식으로 다른 사람에게 반응하는가 아니면 다른 사람의 연약함에 대해서는 다른 반응을 하는가?

6. 하나님은 연약한 것에 대해 어떻게 하라고 하시는가?(롬 15:1)

7. 연약함을 대하는 1차적인 자세는 무엇인가?(본문 p.34 참고)

8. 나의 연약함 중에 내가 용납한 것은 어떤 것인가? 용납의 유익을 함께 나누라(본문 p.35 참고).

9. 자신의 연약함을 시인할 때 얻는 유익이 무엇인가?(본문 pp.36-39 참고)

10. 약함이 곧 강함이라는 말의 의미가 무엇인가?(고후 12:7-10, 본문 pp.39-41 참고)

11. 자신의 약함이 오히려 강함이 되었던 경우가 있다면 그것을 함께 나누라(본문 pp.39-41 참고).

12. "약점에 인생 걸지 말라"는 말의 의미는 무엇인가?(본문 p.42 참고)

13. 나는 약점에 집중하고 있을까, 장점에 집중하고 있을까?

14. 자신의 약점과 그것을 보완하는 도구나 방법이 있다면 그것을 함께 나누라(본문 pp.42-46 참고).

15. 연약함을 용납한 후에 할 일은 그 연약함을 도와주는 것이다. 자신의 강함으로 다른 사람의 약함을 돕고 있는 것을 함께 나누라(본문 pp.46-49 참고).

16. 나는 도움을 받을 때 기분이 좋은가, 아니면 마음이 상하는가? 이런 감정이 나타나는 이유는 무엇이라고 생각하는가? 사람은 서로 도움을 주고받으며 사는 존재로 지음 받았다. 도움을 감사함으로 기쁘게 받는 당신의 노하우가 있다면 그것을 함께 나누라(본문 pp.46-49 참고).

17. 도울 때는 상대를 배려해야 한다. 어떤 것들을 어떻게 배려해야 하는가? 당신이 도움을 받을 때 배려와 함께 받은 도움이 있다면 함께 나누라(본문 pp.49-51 참그).

18. 이 과를 통해 받은 은혜를 함께 나누라.

FOR A RELATIONAL HAPPINESS

사람과의 관계를 아름답게
02_ 필요는 채워주라

하나님이 창조한 사람은 태어날 때 평생 살아가기에 필요한 모든 것을 다 가지고 태어나는 것이 아니다. 그에게 필요한 대부분의 것들을 이 땅에서 '현지 조달' 한다. 왜냐하면 하나님께서 그렇게 디자인하셨기 때문이다.

하나님께서는 사람을 창조하시기 전에 세상을 창조하셨다. 하나님이 만드신 세상은 사람이 살아가는 데 필요한 것들의 집

합체다. 하늘의 해와 달과 별들을 비롯해서 저 산의 나무들도 다 사람이 살아가는 데 필요한 것들이다. 산의 나무들은 공기 정화기고, 바다는 정수기다. 하나님은 사람에게, 하나님이 창조하신 것들이 사람들의 필요를 채워주기 위함이라고 살짝 알려 주셨다.

> 내가 온 지면의 씨 맺는 모든 채소와
> 씨 가진 열매 맺는 모든 나무를 너희에게 주노니
> 너희의 먹을거리가 되리라. 창세기 1장 29절

하나님은 사람을 밥이 필요한 존재로 디자인하시고 밥을 미리 준비해 주셨다. 물이 필요한 존재로 디자인하시고 물을 미리 준비해 주셨다. 햇빛을 받아야 사는 존재로 디자인하시고 미리 햇빛을 준비해 주셨다. 복이 필요한 존재로 만드시고 복을 주셨다. 일이 필요한 존재로 지으시고 일을 주셨다. 쉼이 필요한 존재로 지으시고 쉼을 주셨다. 잠이 필요한 존재로 지으시고 잠을 주셨다.

사람에게는 필요가 있다

우리는 이 세상에 살면서 '현지 조달' 해야 할 많은 필요를 갖고 이 땅에 태어났다. 그래서 사람에게는 필요한 것이 많다. 이 말을 다른 편에서 보면 "사람에게는 부족한 것이 많다"는 것이다. 부족한 것이 많다는 말과 필요한 것이 많다는 말은 같은 의미다.

사람에게는 부족함이 있다. 필요한 것이 있다. 사람은 때로 지식이 부족하고, 지혜가 부족하고, 상식이 부족하고, 돈이 부족하고, 시간이 부족하고, 생각이 부족하고, 경험이 부족하고, 힘이 부족하고, 은혜가 부족하고, 덕이 부족하고, 인내심이 부족하고, 믿음 등 여러 가지가 부족하다. 이 중에 한두 가지가 부족한 사람이 있고, 여러 가지가 부족한 사람이 있다. 부족함이 있는 존재가, 필요가 있는 존재가 사람이다.

사람에게 부족함이 있는 것이 정상이다. 부족함이 있는 그 자체를 인정하고 받아들이는 것이 좋은 관계를 위한 기본이다. "부족함이 없어야 하는데 나는 왜 이렇게 부족할까" 고민하지 말라. "사람인 나는 당연히 부족함이 있다. 필요가 있다"고 인정해야 한다. 이렇게 인정하고 자신의 부족함을 바라보면, 그것이 자신이 사람인 증거로 보일 것이다. 사람인 것으로 인해 슬퍼할 이유가 없고, 사람이 사람인 것으로 인해 힘들어할 이유가 없다.

이것을 모르면 자신의 부족함 때문에 스스로 힘들어할 수 있고, 다른 사람의 부족함을 무시하고 비난할 수 있다. 부족함 때문에 자신감을 상실하고 열등감을 갖고 살 수 있다. 반면 이 땅에서 조달해야 하는 필요를 갖고 태어났다는 사실을 아는 사람은, 다른 사람의 부족함을 채워주며, 자신의 부족함은 채움 받으며 산다. 부족함을 어떻게 인식하느냐에 따라 발전과 퇴보가, 행복과 불행이 나뉜다.

부족함의 유익이 있다. 부족한 것은 우리로 하여금 그것을 채울 마음을 갖게 하고, 채우기 위한 노력을 하게 한다. 시편 기자는 "사슴이 시냇물을 찾기에 갈급함 같이 내 영혼이 주를 찾기에 갈급하다"고 고백했다. 물이 몸에 부족한 것을 알기에, 몸에 물이 필요한 것을 알기에 사슴은 시냇물을 갈급하게 찾는다. 이와 같이 부족함은 우리로 하여금 그것을 채우기 위해 찾아 나서게 한다. 부족함이 있기 때문에 우리는 그것을 채우기 위해 여러 가지 시도를 한다. 그것이 우리 삶을 풍성하게 하고 발전시킨다.

필요를 느껴야 한다

필요를 채우기 위해서는 필요를 느껴야 한다. 부족함을 채우기 위해서는 부족함을 느껴야 한다. 부족한 사람이 그 부족함을 다 느끼는 것은 아니다. 부족하지만 부족함을 느끼지 못하는 사람도 있다. 부족함을 느끼지 못하면, 부족함을 모르니 오히려 마음 편하게 살 수 있지 않느냐고 반문할 수 있다. 그렇게 생각할 수도 있다. 그러나 부족함을 느끼지 못하면 부족함을 채우려고 하는 갈망도 없고 노력도 없다. 당연히 채움도 없다. 부족함을 채우려면 부족함을 느낄 수 있어야 한다. 필요를 느껴야 한다.

부족함을 느끼는 우리는 지식의 부족을 공부로 채우고, 돈의 부족을 성실로 채우고, 기운의 부족을 밥으로 채우고, 체력의 부족을 운동으로 채우고, 영혼의 부족을 예수로 채우고, 마음의 부족을 말씀으로 채우고 있다.

창세기를 보면 하나님께서 사람의 부족함을 채워 주시는 장면이 나온다. 하나님이 아담을 창조하신 후에 아담 혼자 있는 것이 하나님 보시기에 좋지 않았다. 하나님께서는 그를 위해 돕는 배필을 지어 주시기로 마음을 정하셨다. 아담에게 하와가 필요했기 때문이다. 하나님이 바로 여자를 창조하셔도 될 것 같은데 하나님은 그렇게 하지 않으셨다. 하나님은 아담에게 짐승들의 이름을 지으라고 하셨다. 아담은 순종했다. 그 많은 짐승들의 이름을 지었다. 이름을 짓기 위해서는 짐승들의 특징을 살펴야 한다.

이 과정을 통해 아담은 모든 짐승들에게 다 짝이 있는 것을 발견했다. 다 짝이 있는데 자신만 짝이 없는 것을 알았다. 배필이 없는 자신의 부족함을 알고, 배필의 필요성을 절감한 것이다. 짐승의 이름 짓는 과정을 거친 후에 비로소 하나님께서는 아담을 위해 하와를 창조해 주셨다. 하와를 본 순간 아담은 "이는 내 뼈 중의 뼈요 살 중의 살이라"고 고백했다. 부족함을 느끼는 과정과 배필의 필요성을 절감하는 과정을 거쳤기에 나온 고백이다. 만약 이 과정을 생략했다면 아담은 하와를 보고 멀뚱멀뚱하면서 "하나님, 이게 뭐예요?" 했을지 모른다. 하나님이 같이 살라고 하실 때, 왜 내게 짐을 안기느냐고 했을지도 모른다.

사람의 필요를 채워줄 때, 사람의 부족함을 채워줄 때 더디더라도 이 과정을 거쳐야 한다. 부족함을 느끼고 필요가 찰 때 그 부족함을, 그 필요를 채워주는 것이 가장 이상적이다. 그러나 많은 경우 당사자는 부족함을 느끼지 못하고, 필요성을 느끼지 못하는데 그것을 부모가 느끼고, 어른이 느끼고 좋은 것이라고, 필요한 것이라고 하라고 한다. 인생을 사는 데 아무리 필요한 것이라 할지라도 당사자가 느끼기 전에 그것을 하라고 하면 힘들어한다. 능률도 잘 오르지 않는다. 자녀들에게 공부의 필요성을 느끼게 해주고 그 후에 그 필요를 부모가 채워주는 것이 가장 이상적이다. 그러나 많은 경우 이 과정을 생략한 채로 학원을 보내고, 과외를 시켜야 하는 안타까움이 부모들에게 있다.

필요가 찼을 때 채워주라

돕는 일을 하면서 깨달은 것이 있다. 언제 도와야 하는가? 필요가 찼을 때다. 이때 도와주면 감격한다. 본인이 부족함을 느끼고, 필요를 느끼고 사모할 때 그 부족함을 채워주면 춤을 춘다. 감격의 눈물을 흘린다.

말레이시아 밀림 속 원주민들을 대상으로 사역하고 있는 박철현 선교사님이 밀림 속 원주민들로부터 유치원을 지어달라는 간절한 요청을 받았다. 이 요청을 받고 몇 년을 미루다 그들이 불쌍해서 더 이상 거절하지 못하고 유치원을 세우기로 했다. 말이 유치원이지 탁아소다. 유치원을 시작하기로 마음을 정하고 나니 이번에는 재정이 문제였다. 이 선교사는 어디 가서 손을 벌리는 재주가 없다. 그래서 눈물로 하나님 앞에 앉아 기도했다. 하나님께 밀림 속 원주민들의 간절한 소원을 들어달라고 기도했다. 그때 우리 교회가 전화를 해서, 혹 기도하고 사모하는 일이 있느냐고 물었다. 당연히 그는 밀림 속 원주민들을 위한 유치원 이야기를 했다. 우리가 그것에 필요한 재정을 섬기기로 했다. 이 소식을 들은 박선교사님은 울면서 감격했다.

　유치원의 필요성을 느끼지 않고 있는 선교사에게 동일하게 전화를 해서 밀림 속에 유치원 하나 세우라고 하면 그는 감격의 눈물을 흘리는 대신 짜증을 낼 수 있다. 교회가 후원 좀 한다고 선교사에게 이래라저래라 한다고 마음이 불편할 수 있다. 감동이 아니라 그것이 일로, 짐으로 느껴질 수 있다.

나도 이것을 깨닫기 전에 실수한 적이 있다. 상대는 부족함도, 필요성도 느끼지 못하는데 내가 느낀 부족함, 내가 느낀 필요에 따라 이런저런 지원을 한 적이 있다. 우리 교회가 느낀 그 교회의 부족함, 그 교회의 필요를 일방적으로 채워준 경우다. 자녀에게 보충학습이 필요하다고 느낀 부모가 자녀를 학원에 등록시키고 과외교사를 붙여준 것과 같다. 그런데 정작 그 교회는 그런 부족함을, 그런 필요를 느끼지 않고 있었던 것이다. 이런 경우는 같은 재정을 지원해도 효과가 다르다. 이것을 모르고 교회 개척을 섬길 때 패키지로 지원해 주는 것들이 있었다. 홈페이지 도메인을 신청해서 홈페이지를 만들어주고, 전도지를 제작해주고, 교적 프로그램을 구입해 지원했다. 왜냐하면 우리 경험에는 이것들이 꼭 필요했기 때문이다.

그런데 나중에 보니 홈페이지 관리를 짐으로 여기는 교회가 있고, 많은 돈을 들여 구입해 준 교적 프로그램을 사용하지 않는 교회가 있는 것을 보았다. 이런 과정을 통해 필요가 차면 그때 채워주기로 했다. 지금은 패키지 지원을 하지 않는다. 그 교회와 목회자가 부족함을 느끼고, 필요를 느끼고 사모하는 가운데 그 필요가 찼을 때 채워주는 방식으로 섬기고 있다.

전도를 하려고 하는데 전도지가 부족하다. 전도지가 너무너무 필요하다. 이런 교회에 전도지를 지원하면 전도지에 감격한다. 춤을 춘다. 그러나 내 생각에 전도가 중요하고 전도지가 필요하다고 해서 전도지를 제작해 보내면 시큰둥한 반응을 보이고 오히려 부담스러워한다. 그래서 이런 일을 섬길 때는 제작비의 일부를 해당 교회도 약간 부담하게 한다. 우리가 다 부담할 수 있지만 필요성을 확인하기 위해, 일정액을 그 교회로 하여금 내게 하고 나머지를 지원하는 형식으로 한다.

가끔 교회에서 교역자들에게 책을 사줄 때가 있다. 내가 읽고 이것은 참 목회에 필요하겠다, 교역자들에게 꼭 필요하겠다고 느껴지는 책을 사준 적도 있다. 나중에 안 사실이지만 그것은 나의 필요지, 우리 교역자들 모두의 필요는 아니었다. 지금은 설혹 내가 어떤 책을 읽고 필요성을 느꼈더라도 교역자들의 필요를 확인하는 과정을 거친다. 방법은 간단하다. 책을 소개하고 그 책값의 일정 부분을 지원한다는 옵션을 제시한다. 그러다 책값 전액을 다 지원하는 경우도 있지만, 일반적으로는 그중에 일정액만 지원한다. 필요성을 확인하기 위해서다.

필요는 정당한 방법으로 적당하게

사람이 부족함을 느끼고, 필요를 느끼고 그것을 채우려고 하는 것은 정상적인 일이다. 좋은 일이다. 그러나 그것이 과하면 안 된다. 이것이 과한 상태가 탐심이다. 자신의 부족함을 지나치게 많이 채우려고 하면 이것이 탐심이다. 부족함을 적절히 느끼고, 그 채움 역시 적절해야 한다. 양적으로 적절하고, 방법적으로도 적절해야 한다. 30만큼 부족한데 300만큼 채우려고 하면 그것은 욕심이다.

하나님이 허락하신 방법으로 부즉함을 채우고 필요를 채워야 한다. 하나님이 정한 방법이 아닌 것으로 부족함을 채우겠다는 것이 행동으로 옮겨지면 도둑질이다. 하나님은 "네 이웃의 것을 탐하지 말라, 남의 아내를 탐하지 말라, 도둑질하지 말라"고 말씀하신다. 남의 사람이나 남의 것을 빼앗아 자신의 부족을 채우지 말라는 말이다. 필요는 정당한 방법으로 채워야 한다.

다른 사람이 채워줘야 할 부족함

사람에게는 부족함이 있고 이 부족함은 채움이 필요하다. 우리는 이 부족함을 부지런히 채우고 있다. 그럼에도 불구하고 사람에게는 스스로 채울 수 없는 부족함이 있다.

이 부족함은 사람마다 다르다. 100이 다 채워진 상태라면 어떤 사람은 30, 어떤 사람은 50, 어떤 사람은 10이 부족하다. 사람이 아무리 애써 채워도 5는 부족하다. 5정도의 부족함이 있는 것이 사람이다. 나의 5는 다른 사람이 채우고, 다른 사람의 5는 내가 채우며 사는 게 인생이다. 이 5를 서로 채워주려고 하는 집에는 행복이 넘치고, 이 5를 마저 채우라고 요구하는 집에는 다툼이 끊이지 않는다.

사람은 스스로 100일 수 없는 존재다. 부족한 것이 있고, 빈 것이 있고, 모자람이 있는 것이 사람이다. 이 당연한 사실을 당연한 것으로 받아들이지 않고 그 5마저 채우겠다는 불가능에 도전하는 사람이 있다. 차라리 히말라야 14좌 완등에 도전하는 것이 현명하다. 어렵지만 그래도 이것은 가능한 일이기 때문이다. 5를 마저 채우겠다는 사람의 그 피곤함과 고단함은 이루 말할 수 없다.

지식도 5쯤은 부족한 채로 살면 마음 편하다. 백과사전 전체를 외운다 해도 상식을 다 알 수는 없다. 백과사전과 상식사전의 도움을 받으면 된다. 요즘은 검색 사이트에서 웬만한 상식은 바로 검색이 가능하다. 5쯤은 이런 것들의 도움을 받아 채우면 된다.

    우리 삶에서 5쯤 부족한 것을 인정해야 다른 사람이 채울 몫이 있다. 조금도 틈이 없는 완벽한 사람이 되려고 할 필요 없다. 그렇게 하려고 한다 해서 될 일도 아니다. 사람은 틈이 있을 수밖에 없다. 사람은 사람을 좋아한다. 기계와 마주 앉아 있다고 생각했는데 어느 순간 그가 기계가 아닌 사람인 것을 확인하면 반갑다. 나의 5쯤의 틈은 함께하는 사람들이 메워줄 몫이다. 완벽한 사람이 아니라 5쯤 부족한 사람임을 인정하고 고백하면 행복하다. 부족함을 감추지 않아도 되니 좋고, 부족함을 상대가 채워주니 좋다.

    결혼도 5쯤 부족한 사람과 하면 행복하다. 100인 남편감을 찾고, 100인 아내감을 찾으려고 하는 것은 미안하지만 바람을 잡으려는 수고다. 세상에는 그런 사람 없다. 한 자매가 남자를 만났다. 교제를 해보니 다 좋은데 A가 부족하다. 다른 남자를 만났다. A는 충분한데 B가 부족하다. 또 다른 남자를 만났다. 이 남자는 A와 B는 다 채워졌는데 아쉽게도 C가 부족하다. 미리 말하지만 네 번째 남자를 만날 필요 없다. 만나도 마찬가지다. 그렇다고 세 남자를 모아 한 남자로 만들 수 있는 것도 아니지 않는가. 100인 남편감을 찾지 말고, 내가 5를 채워 100을 만들 남편감을 찾아야 한다. 이것은 사람을 뽑을 때도 마찬가지다. 100인 직원이 아니라 내가 5를 채워 100이 될 수 있는 직원을 뽑아야 한다. 담임목사를 청빙할 때, 장로 임직을 할 때, 대통령을 뽑고 국회의원을 뽑을 때도 마찬가지다.

어떤 사람은 100인 남편을 찾다 못 찾으면 일단 부족함이 있는 남자와 결혼을 한다. 그리고는 끊임없이 100인 남편을 요구한다. 100인 남편이 될 것을 요구한다. 이런 아내와 사는 남자는 불쌍하다. 비극의 주인공이다. 이 남자는 집에 들어가는 것이 얼마나 괴로울까. 입장을 바꿔 남편이 아내에게 이렇게 하고 있다면 그 아내는 사는 게 얼마나 힘들까.

신랑과 신부가 결혼하기 전에 서로의 부족함을 인정하고 그것을 채워주겠다고 피차 고백하고 결혼하면 그 집은 천국의 모델하우스가 될 것이다. 결혼 전에 못해 아쉽다면 지금이라도 하면 된다.

우리 곁에 있는 사람들의 부족함 중에 내가 채워주어야 할 것이 있다. 우리는 곁에 있는 사람을 바라보면서 내가 5를 채워 100을 만들 것이 무엇인지를 생각해야 한다. 상대에게서 부족함이 드러나면 '아, 이거구나' 하고는 바로 채워야 한다. 연약함을 도울 때와 마찬가지로 부족함이 있는 상대를 최대한 배려하는 사려 깊은 마음과 태도로 처워주어야 한다. 상대가 마음 상하지 않을 뿐만 아니라 기쁨이 되도록 채워주어야 한다.

   사람의 부족함을 채울 때, 나 혼자 상대의 모든 부족함을 다 채울 수 없다. 한 사람이 한 사람의 부족함을 다 채울 수 없다. 그 부족함 가운데 내가 채워야 할 몫이 있고 다른 사람이 채워야 할 몫이 있다. 다 채워주어야 한다는 부담을 가질 필요 없다. 내가 채우고 남은 부족함은 또 다른 사람이 채워준다.

   아내를 너무나 사랑하는 남편이 아내의 모든 것을 채워주겠다고 나서면 말려야 한다. 뜻은 좋지만 그럴 수 없다. 아무리 남편이 잘해줘도 아내에게는 남편이 채워줄 수 없는 부족함이 있다. 남편들은 이것 때문에 힘들어하지도, 마음 상하지도 말아야 한다. 아내들에게는 친구가, 이웃이, 동창이, 교우가 채워주어야 할 부족함이 있다. 사람의 부족함 중에는 부모가 채워주어야 할 부족함도 있지만 친구가 채워주어야 할 부족함도 있다.

다양한 부족함이 있다

사람에게는 여러 사람에 의해 채움 받아야 할 다양한 부족함이 있다. 또한 사람은 정서적으로, 육체적으로, 영적으로, 경제적으로, 문화적으로, 지식적으로 채움 받아야 할 다양한 부족함이 있다. 다양한 필요가 있다. 먹고살 만하니까 하는 배부른 소리가 아니다. 사람에게는 위胃 말고도 채워야 할 마음이 있고 정서가 있다.

예수를 믿는 사람에게도 영적 필요 외에 또 다른 필요가 있다. 예수 믿는 사람도 위가 비면 배고프기는 마찬가지다. 사람에게는 하나님이 주시는 은혜로 채워야 할 마음도 있지만, 하나님이 주신 밥으로 채워야 할 위도 있다. 예수님을 너무너무 사랑하는 아내들도 가끔은 근사한 식당에서 남편과 함께 멋진 식사를 하고 싶은 정서적인 부족함을 느낄 때가 있다. 세계선교가 비전인 남편들에게도 가족과 함께 여행을 떠나고 싶은 정서적인 필요가 있다. 모든 것을 영적인 것으로 다 채우려고 하거나 채우라고 해서는 곤란하다.

때로 어른에게도 장난감이 필요하다

장난감, 이것은 어린이들에게만 필요한 것이 아니다. 어른도 장난감이 필요하다. 과하지만 않으면, 형편이 되면 어른도 장난감을 장만해주는 것이 필요하다. 아내에게 장난감이 필요하고 남편에게 장난감이 필요하다는 사실을 이해만 해줘도 부부 사이가 많이 좋아진다. 아이들은 카메라 모형을 가지고 놀지만 어른은 카메라를 가지고 논다. 어린 애들은 장난감 전화기를 들고 놀지만 어른은 스마트폰을 가지고 논다. 애들은 색종이로 접은 가방을 들고 놀지만 어른들은 가죽으로 만든 가방을 들고 논다.

어른들은 장난감을 장남감이라고 말하지 않는다. 필수품이라고, 기호품이라고 말한다. 장난감의 필요를 아주 논리적으로 설명한다. 장난감이라는 말은 전혀 하지 않는다. 그것이 왜 필요한지를 아주 구체적으로 설명한다. 시대에 뒤떨어지지 않기 위해서는 필수적인 것이라고 얘기한다. 그 말도 맞다. 하지만 그 속에는 새로운 장난감을 갖고 싶은 마음이 들어 있다. 배우자의 장난감을 기쁜 마음으로 흔쾌히 사줄 필요도 있다.

장난감 사서 차 트렁크에 싣고 다니게 하지 말아야 한다. 카메라 렌즈 사다 책장 뒤에 감추지 않게 해야 한다. 과하지만 않다면 기분 좋게 사줄 필요가 있다. 그것에서 밥이 나오느냐고 핀잔주지 말고, 장난감의 필요를 인정해주는 것이 필요하다. 엄마가 사준 장난감 들고 친구네 집에 가는 아들이나, 아내가 사준 스마트폰 들고 지하철에서 인터넷하는 남편이나 사랑스럽기는 마찬가지 아닌가. 장난감 하나 사주고 그것 하나 가지고 평생 놀라고 하면 무리다. 장난감은 적당한 주기로 바꿔줄 필요가 있다.

채워주시는 하나님

하나님은 우리의 부족함을 채워주시는 분이다. 하나님은 우리가 부족한 존재임을 아신다. 사람을 만드신 분이니 얼마나 잘 아시겠는가. 하나님은 우리에게 부족하면 "내게 구하라. 그러면 내가 채워주겠다"고 하신다. 하나님께 구하면 하나님이 직접 주시기도 하지만 많은 경우 사람을 통해서 주신다. 사람에게 부족함을 채워 달라고 했다가 거절당하고 힘들어하는 것보다 하나님께 부족함을 채워 달라고 구하고 사람을 통해서 채워주시는 하나님을 경험하는 것이 좋다. 하나님께 구하고 기다리면 사람이 와서 뭐가 필요하냐고 묻는 전율을 경험한다.

너희 중에 누구든지 지혜가 부족하거든
모든 사람에게 후히 주시고 꾸짖지 아니하시는 하나님께 구하라.

그리하면 주시리라. 야고보서 1장 5절

하나님은 우리가 이 세상을 살아가는 데 꼭 필요한 지혜, 우리 인생의 원천인 지혜를 구하면 주시겠다고 약속하셨다. 지혜가 부족하다고 한탄하고 앉아 있는 것은 너무 안타까운 일이다. 구하면 주시겠다는 하나님이 계신데 계속 자신 안에 지혜 없음만 바라보고 탄식하며 인생을 허비해서는 안 된다. 지혜를 받으면 따라오는 것이 있다. 얼마나 좋은 것들이 따라오는지 성경에서 확인해보라.

> 지혜를 얻은 자와 명철을 얻은 자는 복이 있나니
> 이는 지혜를 얻는 것이 은을 얻는 것보다 낫고
> 그 이익이 정금보다 나음이니라.
> 지혜는 진주보다 귀하니
> 네가 사모하는 모든 것으로도 이에 비교할 수 없도다.
> 그의 오른손에는 장수가 있고 그의 왼손에는 부귀가 있나니
> 그 길은 즐거운 길이요 그의 지름길은 다 평강이니라.
> 지혜는 그 얻은 자에게 생명 나무라 지혜를 가진 자는 복되도다.
>
> 잠언 3장 13-18절

지혜의 오른손에는 장수가 있고 왼손에는 부귀가 있다. 지혜의 길은 즐거운 길이고 그의 지름길은 다 평강이다. 지혜는 그 얻은 자에게 생명 나무다. 지혜를 가진 자는 행복자다.

하나님은 부족함을 들고 나와 구하는 자에게 그 부족함을 채워주신다. 그것을 비난하거나 야단치지 않고 채워주신다. 부족함을 들고 하나님께 나갔던 사람들은 한결같이 부족함이 없다고 고백한다. 하나님이 채워주셨기 때문이다.

> 여호와는 나의 목자시니 내게 부족함이 없으리로다. 시편 23편 1절

> 너희 성도들아 여호와를 경외하라.
> 그를 경외하는 자에게는 부족함이 없도다. 시편 34편 9절

> 젊은 사자는 궁핍하여 주릴지라도 여호와를 찾는 자는
> 모든 좋은 것에 부족함이 없으리로다. 시편 34편 10절

여기서 중요한 사실 하나를 정리하고 가자. 사람에게는 사람이 채워주어야 할 부족함이 있는가 하면 하나님이 채워주셔야 할 부족함이 있다. 사람에게는 사람이 채울 수 없는 부족함

이 있다는 말이다. 그 부족함은 하나님으로 채워져야 한다. 하나님이 채워주셔야 한다. 그 부족함은 하나님으로 채우고, 예수로 채우고, 성령으로 채워야 한다. 하나님만이 채워주실 수 있는 부족함을 스스로 채우려 하거나 다른 사람으로 채우려고 하는 것은 안타까운 일이다. 지금도 이 땅에는 하나님이 채워주셔야 할 부족함을 하나님이 아닌 다른 것으로 채우려고 시도하며 여전히 공허한 채로 살아가는 이들이 많다.

이스라엘 백성들이 범하였던 두 가지 죄가 있다.

> 내 백성이 두 가지 악을 행하였나니
> 곧 그들이 생수의 근원되는 나를 버린 것과
> 스스로 웅덩이를 판 것인데
> 그것은 그 물을 가두지 못할 터진 웅덩이들이니라.
>
> 예레미야 2장 13절

생수의 근원이신 하나님으로 채워야 할 것을 스스로 웅덩이를 파서 채우려고 했던 우를 이스라엘 백성들이 범한 것이다. 그들이 판 웅덩이는 물을 가두지 못할 터진 웅덩이다. 그들은 생수의 근원이신 하나님을 버리고 스스로 웅덩이를 팠다. 그들은 그것으로 채움을 얻을 줄 알았지만 터진 웅덩이를 채우려는 고단함과 피곤함만 그들에게 더했다.

사람의 마음은 밑 빠진 독 같다. 아무리 부어도 채워지지 않는. 붓는 순간 잠시 차는 것 같으나 이내 다시 비어버린다. 잠시 행복한 것 같고, 만족한 것 같고, 기쁜 것 같은데 이내 다시 허전해지고, 공허해진다.

우리 마음을 하나님으로 채우는 것은 그 밑 빠진 독의 밑을 막는 것과 같다. 그 밑 빠진 독의 밑을 막으면 그 다음에는 채워진다. 이전에 의미 없던 일들이 의미가 있어진다. 이전에 허무한 일들이, 무가치하던 일들이 가치 있어진다. 사람 안에 있는 하나님의 자리가 하나님으로 채워질 때 비로소 사람은 참된 행복을 느끼게 된다. 이렇게 되면 사람이 채워준 것이 의미가 있어진다. 제값을 하게 된다.

우리의 부족한 것을 채워주시는 하나님은 우리에게도 다른 사람의 부족함을 채워주라고 하신다. 우리 가운데는 지금까지 살펴본 대로 5가 부족한 경우도 있지만 때로는 95가 부족한 긴급 상황도 있다. 이런 경우는 긴급하게 그 부족함을, 그 필요를 채워주어야 한다. 하나님의 손과 발이 되어 채우러 다니는 자의 기쁨은, 경험한 사람은 안다. 채워주면 채우시는 하나님을.

필요는 채워주라

- 함께 읽을 말씀 : 창세기 1장 24-31절
- 마음에 새길 말씀 : 야고보서 1장 5절

우리는 태어날 때 평생 살아가기에 필요한 모든 것을 다 가지고 태어나는 것이 아니다. 우리는 이 세상에 살면서 '현지 조달' 해야 할 많은 필요를 갖고 이 땅에 태어났다. 그래서 사람에게는 필요한 것이 많다. 이 말을 다른 편에서 보면 "사람에게는 부족한 것이 많다"가 된다.

1. 사람에게는 필요가 있다. 부족한 것이 있다. 당신에게 부족한 것들을 별지에 적어 보라.

2. 부족함에 대해 어떤 자세와 태도를 갖느냐에 따라 부족함이 우리 삶에 좋은 영향을 미치기도 하고, 부정적인 영향을 미치기도 한다. 부족함에 대한 나의 기본적인 태도는 무엇인가?(관계행복〈이하 본문〉 pp.61-62 참고)

3. 부족함의 유익이 있다. 그것은 무엇인가?(시 42:1, 본문 p.63 참고)

4. 사람의 부족함을 채워줄 적절한 타이밍은 언제인가?(본문 pp.64-65 참고)

5. 부족함을 느끼지 않고, 필요를 느끼지 않는 가운데 필요를 채워준 적이 있지는 않는가? 그 경험이 있다면 함께 나누라(본문 pp.65-68 참고).

6. 필요는 적당하게 채워야 한다. 필요를 과하게 채우려고 해서는 안 된다. 탐심이 무엇인가?(본문 p.69 참고)

7. 필요를 정당한 방법으로 적당히 채워야 한다. 도둑질이 무엇인가?(본문 p.69 참고)

8. 부족함이 있는 사람이 우리 곁에 있는 이유는 그 사람이 "왜 그렇게 모자라느냐"는 소리를 듣기 위함이 아니다. 필요를 채워주라고 하나님이 보내신 것이다. 그를 채워주면 하나님은 나를 채워주신다. 사람들의 필요를 채워줄 때 어떤 자세와 태도로 해야 하는가?(본문 pp.72-73 참고)

9. 사람에게는 다양한 부족함이 있다. 다양한 필요가 있다. 어떤 부족함들이 있는가?(본문 p.74 참고)

10. "때로 어른에게도 장난감이 필요하다"를 읽고 느낀 것을 함께 나누라(본문 pp.74-76 참고).

11. 하나님은 우리의 필요를 어떻게해 주시는 분인가?(약 1:5, 본문 pp.76-78 참고)

12. 사람에게는 사람이 채워주어야 할 부족함이 있고, 하나님이 채워 주셔야 할 부족함이 있다. 이 둘은 각각 어떤 것들인가?(본문 pp.78-79 참고)

13. 하나님으로부터 채움 받아야 할 것을 사람에게 채움 받으려고 했던 사람들이 있다. 그 결과는 어떻게 되었는가?(렘 2:13, 본문 pp.79-80 참고)

14. 터진 웅덩이가 시사하는 것은 무엇인가?(렘 2:13, 본문 pp.79-80 참고)

15. 이 과를 통해 받은 은혜를 함께 나누라.

FOR A RELATIONAL HAPPINESS

사람과의 관계를 아름답게
03_ 허물은 덮어주라

 하나님은 사람을 위해 먹을 것을 충분히 준비하셨다. 하나님은 사람에게 그것을 마음껏 먹으라고 하시고 하나만 금하셨다. 동산 중앙에 있는 선악을 알게 하는 나무의 열매는 먹지 말라고 명하셨다. 그러나 안타깝게도 처음 사람 아담과 하와는 그 나무 열매를 따 먹었다. 선악과를 따 먹은 사람에게 하나님은 말씀하셨다.

아담에게 이르시되 네가 네 아내의 말을 듣고

내가 네게 먹지 말라 한 나무의 열매를 먹었은즉

땅은 너로 말미암아 저주를 받고

너는 네 평생에 수고하여야 그 소산을 먹으리라.

땅이 네게 가시덤불과 엉겅퀴를 낼 것이라.

네가 먹을 것은 밭의 채소인즉 네가 흙으로 돌아갈 때까지

얼굴에 땀을 흘려야 먹을 것을 먹으리니

네가 그것에서 취함을 입었음이라.

너는 흙이니 흙으로 돌아갈 것이니라 하시니라. 창세기 3장 17-19절

하나님이 금하신 선악과를 따먹은 것은 사람의 허물이다. 허물은 죄의 다른 이름이다. 성경에서 죄와 허물은 같은 의미로 사용되고 있다.

그는 허물과 죄로 죽었던 너희를 살리셨도다. 에베소서 2장 1절

나의 죄악이 얼마나 많으니이까.

나의 허물과 죄를 내게 알게 하옵소서. 욥기 13장 23절

너희의 잘못과 죄들을 사하지 아니하실 것임이라.

여호수아 24장 19절

그가 그 범한 허물과 그 지은 죄로 죽으리라. 에스겔 18장 24절

허물의 사함을 받고 자신의 죄가 가려진 자는 복이 있도다.

시편 32장 1절

나의 허물을 찾으시며 나의 죄를 들추어내시나이까. 욥기 10장 6절

내 허물을 주머니에 봉하시고 내 죄악을 싸매시나이다.

욥기 14장 17절

야곱의 허물과 이스라엘의 죄를 그들에게 보이리라. 미가 3장 8절

너희의 허물이 많고 죄악이 무거움을 내가 아노라. 아모스 5장 12절

주께서 네 죄악을 벌하시며

네 허물을 드러내시리로다. 예레미야 애가 4장 22절

사람에게 허물이 있다는 말은 사람에게 죄가 있다는 말이다. 우리가 만나는 사람, 우리가 관계를 맺는 사람들 안에 죄가 있다는 말이다. 관계를 맺는 자신에게 죄가 있고, 상대에게 죄가 있다. 우리가 관계를 맺을 때, 이 허물을 어떻게 해야 하는가?

허물과 죄

사람에게는 허물과 죄가 있다. 타고난 죄가 있고, 살면서 지

은 죄가 있다. 내가 지은 죄가 있고, 다른 사람이 지은 죄가 있다. 내가 다른 사람에게 지은 죄가 있고, 다른 사람이 내게 지은 죄가 있다. 그래서 사람은 죄인이다.

우리가 만나는 모든 사람에게서, 정도의 차이는 있을지 몰라도 모든 사람에게서 죄를 발견할 수 있다. 몸 안에 있는 죄가 있고 몸 밖에 있는 죄가 있다. 생각 속에 머물고 있는 죄가 있는가 하면 그것이 몸으로 나타난 죄도 있다. 죄가 있는 사람이 죄가 있는 사람과 관계를 맺으며 사는 것이 인생이다.

이 죄를 어떻게 처리하느냐는 중요한 문제다. 대인관계뿐 아니라 이 세상을 떠난 후에 천국을 갈 것이냐, 아니면 지옥을 갈 것이냐가 바로 이 죄 문제를 해결했느냐, 하지 못했느냐에 달렸기 때문이다. 죄에 대한 처리는 필자의 **삶을 찾아서** 중에서 〈회개와 용서〉 부분을 참고하기 바란다.

허물처리 지침

하나님은 우리에게 허물처리 지침을 주셨다.

> 허물을 덮어 주는 자는 사랑을 구하는 자요
> 그것을 거듭 말하는 자는 친한 벗을 이간하는 자니라. 잠언 17장 9절

미움은 다툼을 일으켜도

사랑은 모든 허물을 가리느니라. 잠언 10장 12절

허물에 대한 하나님의 처리 지침은 허물을 덮어 주는 것이다. 허물이 있는 상태로 허물이 있는 사람과 관계를 맺는 우리는 "허물을 덮어 주는 자는 사랑을 구하는 자"라는 말씀과 "사랑은 모든 허물을 가린다"는 말씀을 늘 마음에 새겨야 한다.

사람에게는 허물이 있다. 이 허물은 지금까지 앞서 살펴본 대로 죄다. 그런데 죄가 아닌 것을 허물이라고 여기는 경우도 있다. 죄는 아닌데 자신이 허물이라고 생각하는 것이 있고, 다른 사람이 허물이라고 여기는 것이 있다. 자신이 스스로 허물이 아닌 것을 허물로 만들고 그 허물에 눌려 사는 것은 안타까운 일이다. 혹이라도 이런 것들이 있다면 허물 폴더에서 원래 폴더로 옮겨야 한다.

당사자가 부끄러워하는 것은 넓은 의미로 허물이다. 예를 들면 남편과 사별 후에 재혼을 했다. 이것이 죄인가. 아니다. 그런데 사람에 따라서는 이것을 허물이라고 생각할 수 있다. 학교를 다닌 적이 없어 글을 읽지 못하는 사람이 있다. 이것은 죄가 아니다. 그런데 어떤 사람은 이것을 자신의 허물이라고 생각하는 경우가 있다. 이것을 부끄럽게 여긴다. 이것은 허물이 아니다. 그 사람의 연약함이나 부족함으로 생각할 수는 있어도 허물은 아니다.

그러나 자신이 생각할 때 허물이 아니라 할지라도 상대가 그것을 자신의 허물로 여기면 우리는 그것을 허물로 다뤄주어야 한다. 그것이 무슨 허물이냐고, 그것은 허물이 아니라고 하면서 사람들 앞에 그 사실을 공개해서는 안 된다. 그 역시 가려주고 덮어줘야 한다. 첩의 소생이 있다. 첩의 자녀로 태어난 것이 죄인가. 아니다. 그러나 당사자는 이것을 자신의 허물로 생각할 수 있다. 이것을 부끄러워할 수 있다. 이럴 때 그것이 왜 당신의 허물이냐, 당신이 첩의 소생으로 태어나고 싶어 태어났느냐고 하면서 당당하게 밝히고 살라고 해선 안 된다. 내가 생각할 때는 그것이 허물이 아니라도 당사자가 허물이라고 생각하면 이것 역시 가려주고 덮어주어야 한다.

허물과 비밀은 밀접한 관계가 있다. 사람에게 허물이 있다는 말은 곧 사람에게는 비밀이 있다는 말이기도 하다. 사람들은 하나님 앞에서는 그 허물을 다 드러내도 사람 앞에서는 허물을 감추고 싶어 한다. 이것은 지극히 정상적인 태도다. 사람들이 감추고 싶어 하는 은밀한 것이 비밀이다.

> 두루 다니며 한담하는 자는 남의 비밀을 누설하나니
> 입술을 벌린 자를 사귀지 말지니라. 잠언 20장 19절
> 두루 다니며 한담하는 자는 남의 비밀을 누설하나
> 마음이 신실한 자는 그런 것을 숨기느니라. 잠언 11장 13절

성경은 사람에게 비밀이 있음을 인정하고 그 비밀을 지켜주라고 한다. 성경은 신실한 자는 남의 비밀을 숨긴다는 말씀을 통해 비밀을 우리가 어떻게 다뤄야 할지를 가르쳐준다. 허물의 기준이나 비밀의 기준은 같다. 당사자가 부끄럽게 여기면 그것은 죄가 아니라도 허물이다. 허물이나 비밀 분류의 기준은 내가 아니라 당사자가 정한다. 성형수술을 받은 것이 비밀인 사람도 있고 아닌 사람도 있다. 이것을 비밀로 분류한 사람도 있고, 그렇지 않은 사람도 있다. 비밀의 등급도 역시 내가 아니라 당사자가 정한다. 비밀도 1급이 있고, 2급이 있고, 3급이 있다. 내가 생각할 때 그것쯤이야 하는 것이 당사자에게 1급 비밀로 분류되기도 한다. 고아로 자란 것이 비밀이 아

닌 사람이 있다. 그러나 어떤 사람에게는 이것이 1급 비밀이다. 우리가 다른 사람의 비밀을 알게 될 때 해야 할 일은 그 비밀을 지켜주는 것이다. 허물을 덮어주고 허물을 가려주듯이 우리는 비밀을 그렇게 해주어야 한다.

다른 사람에게 비밀을 드러내라고 하지 말아야 한다. 그것이 무슨 비밀이냐고, 털어놓고 살라고 하는 경우가 있다. 물론 그렇게 해서 그것으로부터 벗어날 수도 있지만 그 후에 더 어려워질 수도 있다. 허물이 아닌 것을 허물이라 하고, 비밀 같지 않은 것을 비밀이라고 하는 사람에게 우리가 할 일은 그것이 허물이 아님을 가르쳐주는 일이 아니라 그것을 가려주고 덮어주는 것이다. 그가 스스로 그것이 허물이 아닌 것을 깨닫고 더 이상 그것을 비밀로 여기지 않고 스스로 말할 때까지 우리는 덮어주며 기다려주어야 한다.

허물 중에는 자신이 과거에 지은 죄, 그러나 지금은 예수 그리스도의 십자가의 은혜로 용서받아 없어진 것도 있을 수 있다. 이미 회개하고 용서받았으니 분명 이것은 허물도 죄도 아니다. 하지만 그것이 과거 일임에도 여전히 부끄럽고 감추고 싶은 것이 있다. 회개하지 않았기 때문에 그런 것이 아니다. 용서받지 못해서 그런 것이 아니다. 이미 회개했고, 용서받아서 그 죄로부터는 자유로워졌다. 그렇지만 그것이 사람들 앞에 드러나고 알려지는 것은 원치 않는다. 이것도 우리는 당연히 허물로 다뤄주어야 한다. 이미 다 용서받은 일인데 뭐가 문제가 되겠느냐고 하면서 그 이야기를 해서는 안 된다. 그것 역시 허물을 드러내는 것이다.

아버지의 허물

허물과 관련한 내용이 나오면 떠오르는 사람이 있다. 노아와 그의 아들 함이다. 노아가 포도주를 마시고 취하여 그 장막 안에서 벌거벗고 누웠다. 그 아들 함이 아버지의 벌거벗은 모습을 보고 밖으로 나가서 두 형제에게 이야기했다.

"아버지가 벌거벗었어."

노아의 다른 아들 셈과 야벳이 옷을 취하여 자기들의 어깨에 메고 뒷걸음쳐 들어가서 아버지의 하체를 덮었다. 그들은 얼굴을 돌이켜 아버지의 하체를 보지 않았다. 노아는 술이 깬 후 함이 한 일을 알고 그를 저주했다.

> 가나안은 저주를 받아 그의 형제의 종들의 종이 되기를 원하노라.
>
> 창세기 9장 25절

아버지가 술에 취해 벌거벗고 누운 것은 분명한 사실이다. 함이 없는 이야기를 한 것이 아니다. 있는 사실 그대로를 형제들에게 말했다. 그런데 그에게 저주가 임했다.

아버지가 술에 취해 벌거벗고 누운 것은 허물이다. 그 허물을 덮은 두 아들이 있고, 그 허물을 형제들에게 말한 아들이 있다. 나에게는 이 결과가 선명하게 각인되어 있다. 성도들에게 설교하면서 다른 사람의 허물도 덮고 가려야 하겠지만, 특별히 부모의 허물은 책임지고 가리자고 호소한다. 이것이 사람의 본분이자 자녀의 도리다. 우리는 부모와 함께 살았다. 우리는 부모의 거의 모든 것을 안다. 다른 사람이 모르는 부모의 허물을 우리는 안다. 그 허물을 우리가 덮어야 한다. 부모의 허물이 드러나 부끄러움을 당하지 않도록 해야 한다. 부모의 허물을 드러내지 않고는 간증이 안된다면 차라리 간증을 하지 말자. 부모의 허물을 드러내지 않으면서 자서전을 쓸 수 없다면 차라리 쓰지 말자.

이것은 비단 부모에게만 적용되는 것은 아니다. 우리를 아는 사람들, 우리를 만난 사람들의 허물을 덮어주어야 한다. 가려주어야 한다. 우리와 교제하는 사람들에게 우리가 알고 있는 자신의 허물을 덮어줄 것이라는 확신을 주어야 한다. 다투지 말아야 하겠지만 혹 이웃과 다투는 일이 생기거든 그 건만 가지고 다퉈야 한다. 그 사람의 은밀한 허물을 누설해서는 안 된다. 성경은 "너는 이웃과 다투거든 변론만 하고 남의 은밀한 일은 누설하지 말라"고 우리에게 가르치고 있다.

상대의 허물을 덮어주지 않고 그것을 드러내고, 비방하고 비판할 때 함께 나타나는 현상이 있다. 그것은 허물이 있는 자의 권위를 부인하는 것이다. 어쩌면 이것이 허물을 들어 비방하고 비난하게 하는 사단의 궁극적인 목적인지 모른다.

지도자의 허물

이스라엘 백성들을 애굽에서 인도해낸 지도자 모세가 구스 여자를 취했다. 구스 여자를 취한 일로 모세의 누이 미리암과 형 아론이 모세를 비방했다. 모세가 이방 여자를 취한 것은 잘못이다. 허물이다. 미리암과 아론은 틀린 것을 틀렸다고 말한 것이고, 잘못을 잘못이라고 말한 것이다. 허물을 허물이라고 말한 것이다.

미리암과 아론이 모세를 비방한 후에 이어 한 말이 있다.

여호와께서 모세와만 말씀하셨느냐.

우리와도 말씀하지 아니하셨느냐. 민수기 12장 2절

하나님께서 모세에게 말씀을 하시면 모세가 그것을 미리암과 아론을 포함한 이스라엘 백성들에게 전해주었다. 그런데 미리암과 아론이 이것을 부인한 것이다. 하나님이 모세와만 말씀하시는 것이 아니라 우리와도 말씀하신다는 의미는 더 이상 모세를 통해서 하나님의 말씀을 들어야 할 필요가 없다는 의미다. 이 말은 하나님이 세우신 지도자인 모세의 권위를 부인하는 것이다. 지도자의 허물을 비방하면 이내 그 권위를 인정하지 않는 것으로 이어진다.

허물 때문에 지도자의 권위를 부인하고 무시한 사람은 비단 미리암과 아론뿐만은 아니다. 오늘도 이 일은 계속되고 있다. 허물이 있는 사람의 권위는 인정하지 않아도 된다는 생각을 우리는 은연중에 하고 있는지 모른다. 부모의 권위를 인정하지 않는 사람들이 그 근거로 제시하는 것이 부모의 허물이다. 직장 상사의 권위를 인정하지 않는 사람이 제시하는 근거 역시 그 상사의 허물이다. 정치 지도자들의 권위를 인정하지 않는 근거 역시 지도자들의 허물이다. 남편의 결정권을 인정하지 않는 아내가 제시하는 근거 역시 남편의 허물이다. 그래서 사람들은 권위를 인정하지 않는 자신을 정당화하기 위해 더욱 큰 소리로 지도자의 허물을 드러내고 있는지 모른다.

허물이 있는 사람은 무시해도 되는가. 허물이 있는 지도자의 결정권은 인정하지 않아도 되고, 그의 지도는 안 받아도 되는가. 모세를 비방하고 모세의 권위를 부인한 미리암과 아론의 경우를 조금 더 살펴보자.

미리암과 아론이 한 "여호와께서 모세와만 말씀하셨느냐. 우리와도 말씀하지 아니하셨느냐"는 말을 하나님이 들으셨다. 이 설명 뒤에 성경은 "이 사람 모세는 온유함이 지면의 모든 사람보다 더하더라"고 기록하고 있다. 여호와께서 모세와 아론과 미리암을 찾으셨다. "너희 세 사람은 회막으로 나아오라." 세 사람이 회막 앞으로 나왔다. 여호와께서 구름 기둥 가운데로부터 강림하여 장막 문에 서서 아론과 미리암을 부르셨다. 그 두 사람이 하나님 앞에 나아갔다. 하나님이 아론과 미리암을 향해 "내 말을 들으라. 너희 중에 선지자가 있으면 나 여호와가 환상으로 나를 그에게 알리기도 하고 꿈으로 그와 말하기도 하거니와 내 종 모세와는 그렇지 아니하니 그는 내 온 집에 충성함이라. 그와는 내가 대면하여 명백히 말하고 은밀한 말로 하지 아니하며 그는 또 여호와의 형상을 보거늘 너희가 어찌하여 내 종 모세 비방하기를 두려워하지 아니하느냐"고 책망하셨다.

하나님은 모세가 허물이 있지만 여전히 모세가 그들의 지도자임을 확인해주신 것이다. 이 일 후에 되어진 일을 성경은 "여호와께서 그들을 향하여 진노하시고 떠나시매 구름이 장막 위에서 떠나갔고 미리암은 나병에 걸려 눈과 같더라. 아론이 미리암을 본즉 나병에 걸렸는지라" 기록하고 있다. 상황이 이렇게 되자 아론이 모세에게 "내 주여 우리가 어리석은 일을 하여 죄를 지었으나 청하건대 그 벌을 우리에게 돌리지 마소서. 그로 살이 반이나 썩어 모태로부터 죽어서 나온 자 같이 되지 않게 하소서" 간절히 구하였다. 모세가 여호와께 "하나님이여 원하건대 그를 고쳐 주옵소서" 부르짖어 기도했다. 여호와께서 모세에게 "그의 아버지가 그의 얼굴에 침을 뱉었을지라도 그가 이레 동안 부끄러워하지 않겠느냐. 그런즉 그를 진영 밖에 이레 동안 가두고 그 후에 들어오게 할지니라" 말씀하셨다. 이에 미리암이 진 밖에 칠일 동안 갇혔고 백성은 그를 다시 들어오게 하기까지 행진하지 아니하다가 그 후에 백성이 하세롯을 떠나 바란 광야에 진을 쳤다.

이 일을 통해 하나님이 우리에게 하시고자 하는 말씀은 비록 지도자가 허물이 있다 할지라도 하나님이 그의 위를 폐하지 않으셨다면 그는 여전히 지도자라는 것이다. 어떻게 보면 하나님께서 하신 일이 우리에게 불합리하게 보일지 모른다. 잘못을 한 사람은 모세인데 왜 미리암이 당해야 하는가에 대한 의구심이 들 수 있다.

만약 여기서 하나님이 이 일을 이렇게 처리하지 않았다면 그 혼란은 이루 말할 수 없을 것이다. 허물이 있기만 하면 그것을 근거로 부모의 권위를 무시하고 지도자들의 권위를 부정하는 일들이 생겼을 것이다.

허물이 있는 지도자에 대한 처리는 하나님께 맡기라. 하나님은 세우시기도 하고 폐하시기도 한다. 성경을 보면 사울을 왕으로 세우신 분이 하나님이고 그를 왕의 자리에서 폐하신 분도 하나님이다. 다윗은 사울을 왕의 자리에서 폐하는 일을 자신이 할 수 있었지만 끝까지 하나님이 하실 때까지 기다렸다.

그는 여전히 당신의 지도자

만약 허물이 있다 해서 그 권위를 인정하지 않는다면 이 세상에 지도자는 한 사람도 남지 않을 것이다. 성삼위 하나님 외에 허물이 없는 지도자는 이 세상에 존재하지 않기 때문이다. 사람에게서 허물이 보이면 덮어주어야 한다. 이것은 지도자의 허물도 마찬가지다. 허물을 덮어주어야 그는 계속 '나의 지도자'로 남는다. 허물이 드러날 때마다 그 허물을 드러내면 이것은 스스로 자신의 지도자를 없애버리는 일이다. 그러면 결국 그는 지도자 없는 인생을 살 수밖에 없다. 하나님이 세워주신 지도자를 스스로 다 폐하고 지도자 없는, 그저 자기 소견에 옳은 대로 사는 안타까운 인생을 살 수밖에 없다.

사람들은 지도자의 허물을 드러낼 때, 그것이 자기에게 미치는 영향에 대해서는 생각하지 못한다. 지도자의 허물을 드러내는 것이 자기가 망하는 길이고, 불행해지는 것이라고는 꿈에도 생각하지 않는다. 지도자의 허물을 드러내는 것이 지도자를 없애는 과정이라는 것을 모르고, 그 과정을 통해 지도자가 없어지면 결국 자신은 지도자가 없는 인생을 살아야 하고, 그렇게 되면 그 삶이 혼란스러워진다는 단순한 사실을 놓치기 때문에 생기는 일이다.

지도자의 허물을 드러내면 지도자는 없어지고, 허물을 덮어주면 그는 다시 일어나 그 자리에서 '나의 지도자'로 여전히 서 있다. 허물을 드러내는 일과 그의 지드를 받는 것을 같이 하기는 쉽지 않다. 미리암과 아론이 모세에게 한 일의 경우에서 보듯이 허물을 드러내는 것은 곧 그의 권위를 부정하는 것으로 이어지기 때문이다.

지금까지 살면서 만났던 지도자들을 생각해보자. 우리는 생에 가장 먼저 만났던 부모를 비롯해 교사들과 수많은 지도자들을 만났다. 지금 그들이 당신 곁에 여전히 지도자로 있다면 당신은 지도자들의 허물을 덮은 사람이다. 이렇게 단정할 수 있는 것은 당신의 지도자들이 분명히 허물이 있었을 것이기 때문이다. 그 허물을 보았음에도 당신이 그 허물을 덮었기 때문에 그는 여전히 당신의 지도자로 남아 있는 것이다. 당신이 그의 지도권을 인정하지 않으면 그는 당신의 지도자가 될 수 없다. 당신이 그 지도자들의 허물을 덮었기 때문에 당신은 그 후로도 계속 그들의 지도를 받으며 여기까지 올 수 있었던 것이다.

허물을 덮는 것은 비단 지도자들의 허물에만 국한되는 것은 아니다. 우리가 살면서 만났던 사람들이 있다. 그들 역시 다 허물이 있는 사람들이다. 그들의 허물이 우리 앞에서 드러난 적이 있다. 아직 드러나지 않았다면 앞으로 드러날 것이다. 허물이 드러날 때 따라오는 것이 실망감이다. 우리가 사람에 대해 실망할 때가 바로 그 사람의 허물이 드러날 때다. 허물을 보고 사람에 대해 실망하면 안 보고 싶다. 만나고 싶지 않다. 상대하고 싶지 않다. 그래서 그를 멀리하면 필연적인 관계가 아닌 이상 자연스럽게 그 관계는 끊어지고 만다. 이렇게 해서 한 사람이 우리 곁을 떠난다. 이런 일이 또 있으면 또 한 사람이 우리 곁을 떠난다. 이렇게 되면 우리 곁에 남을 사람이 없다.

지도자들도 그의 지도 아래 있는 사람들의 허물을 덮어주어야 한다. 허물이 있을 때마다 내보내고, 허물이 드러날 때마다 내친다면 그의 곁에 남을 사람이 누가 있겠는가. 허물이 있어도 다시 봐야 하고, 허물이 있어도 다시 기회를 주어야 하고, 허물이 있어도 다시 일어설 수 있도록 해주어야 한다.

허물처리_ 용서하라, 기도하라

성경은 사람의 허물이 드러날 때 그 허물을 어떻게 해야 할지를 우리에게 가르쳐준다. 하나는 그 허물을 용서하는 것이고 또 하나는 기도하는 것이다. 성경은 연약하고 부족하고 허물이 있는 모습 그대로 용납하고 용서하라고 한다. 연약함과 허물이 있는 사람을 사랑으로 품으라는 말이다. 그런데 이렇게 되면 세상이 엉망이 될 것 같은 걱정이 앞선다. 세상 모두가 다 부패할 것 같은 걱정이 든다. 그러다보니 나마저 나서지 않으면 안 된다는 생각을 하게 되는지 모른다.

허물을 덮어주라고 하면 그것은 죄를 눈감아주는 악이 아니냐고 반문하는 경우가 있다. 어떻게 보면 그 말도 맞다. 그러나 허물을 덮으라고 하시는 분이 하나님이다. 이 세상은 하나님의 것이다. 이 세상을 창조하시고 사람을 창조하신 분이 하나님이다. 그분이 이 세상을 혼란에 빠뜨리는 명령을 우리에게 내리실 리는 없다. 하나님이 그렇게 말씀하실 때는 다 생각이 있으시다. 그분한테 맡기라는 것이다. 하나님은 살아계시다. 선악 간에 모든 것을 심판하시는 하나님이 살아계시다. 하나님이 하시는 말씀의 요지는, 그것은 내가 알아서 처리할 테니 너는 그의 허물을 덮으라는 것이다.

하나님이 국가를 세우시고 통치자들을 세우셔서 세계를 지금도 통치하고 계시다. 이 세상에는 허물을 정죄하고 드러내고 처벌하는 기관이 있다. 경찰이 있고 검찰이 있다. 하나님이 공권력을 세워 이 일을 다스리고 계신다. 그렇게 할 리는 없지만 만약 경찰이나 검찰에서 사역하는 이가 하나님이 허물을 덮으라고 했다고, 모든 죄인들의 죄를 다 덮어주고 처벌하지 않는다면 그것은 아니다.

하나님께서 예수를 믿는 우리에게 허물을 향해 정죄하고 비판하는 대신에 쓸 수 있는 병기를 주셨다. 그것이 기도다. 사람을 만나면 그가 비판받아 마땅한 허물이 눈에 들어온다. 또 존경받아 마땅한 아름다운 모습이 눈에 들어온다. 각각의 사람이 아니라 한 사람에게서 이 둘이 함께 들어온다. 이런 상황에 하나님은 네 눈에 들어온 그 사람의 허물, 부족함, 연약함을 다른 사람 앞에서 말하지 말고 내 앞에서 말하라고 하신다. 그것을 사람에게 이야기하면 비판이고, 하나님 앞에 말씀드리면 기도다. 누구를 만나든지 우리는 그중에 얼마는 기도 바구니에 담아야 한다. 어떤 공동체에 들어갈 때도 이 기도 바구니는 항상 휴대해야 한다. 교회를 갈 때도, 회사를 갈 때도.

그리스도인들이 세상을 비판하지 않는다 하여 세상에 관심도 없고, 세상이 어떻게 돌아가는지 모르는 것은 아니다. 그리스도인들 눈에도 다 보인다. 그럼에도 비판하지 않는 것은 기도하기 때문이다. 그리스도인은 비판 대신 기도한다. 기도하면 사람의 허물과 부족함을 보고도 그를 존경할 수 있다. 놀라운 사실은 이렇게 할 때 사람이 바뀐다. 세상이 바뀐다.

허물은 덮어주라

- 함께 읽을 말씀 : 창세기 9장 18-27절
- 마음에 새길 말씀 : 잠언 10장 12절

허물은 죄의 다른 이름이다. 성경에서 죄와 허물은 같은 의미로 사용되고 있다.

1. 사람에게 허물이 있다는 말은 사람에게 죄가 있다는 말이다. 우리가 만나는 사람, 우리가 관계를 맺는 사람들 안에 죄가 있다는 말이다. 관계를 맺는 자신에게 죄가 있고, 상대에게 죄가 있다. 우리가 관계를 맺을 때, 이 허물을 어떻게 해야 하는가?(관계행복⟨이하 본문⟩ pp.89-92 참고)

2. 하나님이 주신 허물처리 지침은 무엇인가?(잠 10:12, 잠 17:9, 본문 pp.90-91 참고)

3. 무엇이 허물인가? 성경이 허물이라고 말하지 않고, 내가 허물이라고 생각하지 않아도, 당사자가 허물이라고 생각하면 그것은 허물로 인정해주어야 한다. 왜 그런가?(본문 pp.92-94 참고)

4. 비밀에 대한 당신의 기준은 무엇인가? 성경은 비밀에 대해 어떻게 가르치는가?(잠 11:13, 잠 20:19, 본문 pp.92-94 참고)

5. 우리는 자신이나 다른 사람의 허물을 덮고 가려주어야 한다. 비밀을 지켜주어야 한다. 당신은 자신의 허물을 어떻게 다루고 있는가?(잠 10:12, 본문 p.94 참고)

6. 허물을 덮어주는 것과 비밀을 지켜주는 것은 같은 말이다. 당신의 비밀을 지켜주는 능력 지수는 얼마나 되는가? 당신은 자신이나 다른 사람의 비밀이나 허물을 말하고 싶은 충동을 어떻게 억제하는지, 당신만의 노하우가 있다면 함께 나누라(본문 pp.79-83 참고).

7. 창세기 9장을 읽고 허물이 있는 아버지와 그 허물을 덮은 아들들과 허물을 말한 아들이 어떻게 되었는지 살펴보라(본문 pp.95-96 참고).

8. 당신은 부모의 허물을 어떻게 다루고 있는가?

9. 모세에게는 어떤 허물이 있었는가? 그 허물에 대해 백성들은 어떻게 대응했으며 그 결과는 어떻게 되었는가?(민 12장, 본문 pp.97-101 참고)

10. 허물이 있는 사람은 무시해도 되는가? 허물이 있는 지도자의 결정은 어떻게 해야 하는가?(본문 p.101 참고)

11. 허물을 덮어주지 않으면 지도자가 없는 인생을 살게 된다. 이 말의 의미가 무엇인가?(본문 pp.102-103 참고)

12. 당신에게는 지도자가 있는가? 지도자가 있는 삶의 유익을 함께 나누라.

13. 사람의 허물이 드러날 때 성경은 우리에게 어떻게 하라고 하는가?(본문 pp.104-105 참고)

14. 그리스도인은 세상을 비판하지 않는다. 대신 하는 것이 있다. 그것은 무엇인가?(본문 pp.106-107 참고)

15. 당신은 사람을 대할 대 기도 바구니를 항상 휴대하고 있는가?(본문 p.106 참고) 그 유익은 무엇인가?

16. 이 과를 통해 받은 은혜를 함께 나누라.

FOR A RELATIONAL HAPPINESS

사람과의 관계를 아름답게
04_ 좋은 것은 말해주라

하나님이 세상과 사람을 창조하신 후에 하신 말씀이 있다. 그것은 "좋다"이다. 성경은 이것을 "하나님이 보시기에 좋았더라"고 기록하고 있다. 모든 창조를 마치신 후 하나님의 종합평가는 "심히 좋다"이다. 세상은 하나님이 보시기에 좋았다. 사람은 하나님이 보시기에 좋았다. 하나님은 좋은 것을 좋다고, 심히 좋으면 심히 좋다고 말해주셨다.

좋은 것을 좋다고 말하는 것은 하나님의 형상대로 지음 받은 우리가 마땅히 해야 할 일이다. 사람과 관계를 맺는 중에 '좋은 것'을 어떻게 처리하느냐에 따라 좋은 관계가 이어지기도 하고 관계가 단절되기도 하고, 행복을 경험할 수도 있고 불행을 경험할 수도 있다. 좋은 것에 대한 사람들의 다양한 반응을 살펴보자.

좋은 것에 대한 안타까운 반응_ 방치

사람에게 좋은 것이 있다. 장점이 있다. 자신에게도 있고, 다른 사람에게도 있다. 모든 사람에게는 좋은 것이 있다. 그런데 안타깝게도 이 좋은 것을 보지 못하는 사람들이 있다. 자신의 좋은 점도, 다른 사람의 좋은 점도.

왜 이런 일이 생길까?

좋은 것이 가려서 그럴 수 있다. 앞서 살펴본 대로 사람에게는 연약함과 부족함과 허물이 있다. 그러다보니 이것에 좋은 것들이 가려 보이지 않을 수 있다. 사람에게 연약한 것이 있고, 필요한 것이 있고, 허물이 있어도 좋은 것, 잘하는 것, 뛰어난 것이 훨씬 많다. 그런데 장점보다 약점이 훨씬 많다는 착각을 하는 사람들이 있다. 그 이유는 연약함과 부족함이 눈에 잘 띄다보니 크게 보이기 때문이다. A4용지에 큰 점 하나 있으면 전체 대비 그 점이 차지하는 비중은 얼마 되지 않는다. 그런데 점이 찍힌 종이를 보면 점이 먼저 보이고, 점만 보이는 것과 마찬가지다.

사람은 장점과 약점을 한 몸에 지니고 있다. 물론 사람마다 비율의 차이는 있겠지만 좋은 것이 대부분 많다. 자신이든 남이든 좋은 것의 비중만큼 좋은 것이 좋게 보이기만 해도 관계는 좋아진다. 좋은 것을 좋게 말하기 위해서는 자신의 좋은 것을 좋게 보는 것이 먼저다. 앞서 살펴본 슬로몬과 술람미 여인의 경우가 좋은 예가 될 것 같다.

사람들이 좋은 것을 좋은 것으로 보지 못하는 또 다른 이유는 그것이 아주 오래전부터 자신 안에 있었기 때문이다. 자신 안에 있는 좋은 것이 사람들 속에 다 있다고 생각한다. 그렇지 않다는 것을 알기까지는 시간이 필요하다. 그렇지 않은 사람들을 만나고, 그렇지 않은 경험들을 하면서 이것이 자신의 좋은 점임을 알게 된다.

성품이 좋은 사람, 이것이 얼마나 좋은 것인지는 늘 성품이 좋은 사람과 함께할 때는 모를 수 있다. 모든 사람의 성품이 다 그런 줄 안다. 그러나 사회생활을 하면서 사람들 모두가 그런 성품을 지닌 것이 아니라는 것을 알게 되면서 "아, 그 사람의 성품이 좋구나" 하고 알게 된다.

자신이든 다른 사람이든 좋은 것이 좋게 보여야 그 가치를 알고, 소중하게 여긴다. 그러나 좋은 것이 좋게 보이지 않으면 방치할 수밖에 없다. 아무리 비싼 악기라 해도 그 가치를 모르면 허름한 창고에 방치하는 것과 마찬가지다.

앞서 약점에 인생 걸지 말자고 했다. 안타까운 것은 95의 장점은 방치해 두고 5의 약점에 집중하는 것이 일반적인 사람들의 성향이라는 것이다. 95의 좋은 것, 잘하는 것, 뛰어난 것은 그대로 두고 5의 연약함과 부족함과 허물을 붙잡고 씨름한다. 자신이든 다른 사람이든 95의 좋은 것은 말해주지 않고 그렇지 못한 5만 계속 말한다. 좋은 것은 말해주지 않다가 뭐 하나라도 잘못하면 그것은 꼭 지적한다.

이런 일이 반복되다 보면 상대는 스스로 자신을 형편없는 존재로 생각하고 낙심할 수 있다. 좋은 것, 잘하는 것은 듣지 못하고 늘 잘못한 것만 듣다보니 자신이 마치 좋은 것, 잘하는 것은 하나도 없는 사람으로 생각할 수 있다. 우리 주변에는 자신에 대해 이렇게 생각하는 사람들이 의외로 많이 있다. 좋은 것을 좋다고, 잘하는 것을 잘한다고 말해주지 않아서 생긴 일이다.

좋은 것에 대한 부정적인 반응_ 시기

안타깝지만 사람 중에는 다른 사람의 좋은 것을 시기하는 사람도 있다. 일반적으로 우리는 좋은 것을 보면 부러운 마음이 든다. 이때 그것을 시기할 수도 있고 사모할 수도 있다. 시기하면 좋은 것을 좋다고 말하지 않는다. 오히려 그것을 빈정거리고 비아냥거린다. 시기하면 좋은 것이 있는 사람을 일부러 무시한다.

성경은 시기하지 말라고 가르친다. 시기는 다른 사람이 갖고 있는 좋은 것에 대한 부정적인 반응이다.

공부 잘하는 자녀를 둔 이웃을 시기하면 그것을 평가절하한다. "뭐, 그 집 애가 공부 잘해 1등 했나. 돈을 갖다 부으니 그렇지." 시기하면 성공한 사람을 향해서도 "뭐, 지가 잘했나? 부모 잘 만나 그런 거지" 하고 말할 수 있다. 어쩌면 이것이 다른 사람에게 있는 좋은 것이나, 그에게 일어나는 좋은 일에 대한 보편적인 반응이 아닐까 싶다. 오죽하면 사촌이 땅을 사면 배가 아프다는 속담까지 있을까. 남도 아닌 사촌인데.

다른 사람의 좋은 것, 그에게 있는 좋은 것에 대해 시기로 반응하는 것은 안타까운 일이다. 좋은 차를 산 친구를 향해 "머리에 든 것도 없는 게 차만 바꿔요", 큰 집을 산 친구를 향해 "속

빈 것들이 집만 늘려요"라고 반응하면 관계가 어려워진다.

시기는 **뼈**를 썩게 한다. 시기하면 사람도 추해지고 몸도 망가진다.

좋은 것에 대한 부정적인 반응_ 탐심

다른 사람에게 있는 좋은 것, 그것에 대해 다양한 반응을 보일 수 있다. 그중에 하나는 그것을 탐하는 것이다. 하나님은 좋은 것을 탐하지 말라, 특별히 다른 사람이 갖고 있는 좋은 것을 탐하지 말라고 말씀하신다.

> 네 이웃의 집을 탐내지 말라. 네 이웃의 아내나 그의 남종이나
> 그의 여종이나 그의 소나 그의 나귀나 무릇 네 이웃의 소유를
> 탐내지 말라. 출애굽기 20장 17절

하나님은 다른 사람의 집도 , 네 이웃의 아내도, 남의 직원도, 이웃의 소유도 탐내지 말라고 말씀하신다. 탐하면 **빼앗고** 싶어진다. 힘이 있으면 힘으로, 돈이 있으면 돈으로, 실력이 있으면 실력으로 **빼앗으려고** 한다. 다른 사람의 좋은 것에 탐심으로 반응하면 나봇의 포도원을 **빼앗은** 아합 내외 같이 될

위험이 있다.

다른 사람의 좋은 것에 시기나 탐심으로 반응하지 않도록 '부러움'을 잘 관리해야 한다. 부러움은 기도를 하게 하고, 열심을 내게 하는 동인動因이 되기도 하지만, 그것이 시기와 탐심으로 자라날 위험도 있기 때문이다.

좋은 것에 대한 믿음의 반응_ 위로

하나님께서는 우리 주변에 좋은 사람들을 많이 두셨다. 주님에게 눈을 열어 달라고 하고 바라보면 좋은 사람들이 많이 보인다. 성도들도 좋고, 목사님들도 좋고, 교회들도 좋다. 어쩌면 그렇게 보배롭고 존귀한지 모르겠다. 지금 이 글을 쓰는 동안에도 많은 보배들이 모니터 앞을 스쳐 지나간다.

하나님께서 보배로운 사람들을 왜 우리 곁에 두실까? 그것은 우리를 위로하기 위함이다. 하나님을 믿고 하나님을 신뢰하면 하나님께서 사람들을 통해 우리를 위로하시고, 격려하신다. 하나님이 우리를 위로하려고 하실 때 위로의 사절단을 만드신다. 그 단원들은 다른 사람들이 아니라 주로 우리 곁에 있는 사람들이다. 다음은 하나님이 나를 위로하기 위해 나에게 보내주신 위로 사절단원들이다.

이름대로 현명하고 덕이 있는 목회자들의 목사 박현덕, 말씀에 힘이 있는 착하고 온유한 목사 이도수, 긍휼과 성실의 모범 최주희 전도사, 해맑은 얼굴 그대로가 마음인 아름다운 설교자 이윤정 전도사, 뛰어난 판단력과 아버지 마음을 함께 소유한 목사 이석진, 언제 보아도 그 모습 그대로 편하고 좋은 능력자 성백철 목사, 닿는 곳마다 새롭게 하고 살아나게 하는 하나님의 손으로 목회하는 오세민 목사, 부드러움과 여전함으로 오늘도 미소 짓고 있는 영혼의 설교자 이택기 목사, 탁월한 실력과 능력이 있으면서도 겸손한 사람 강성운 목사, 하나님의 특별한 감동이 함께하고 있는 화평의 사람 김치영 목사, 어린아이의 순전함과 바울의 열정으로 목회하는 멋진 목사 윤성원, 하나님을 향한 열정과 사람을 향한 긍휼을 닮고 싶은 류태진 목사, 어르신들을 향한 그 마음의 공경과 예의를 닮고 싶은 멋진 신사 서정훈 목사, 창의력과 기획력이 뛰어난 열정의 사람 이경민 목사, 얼굴에는 착하다고, 가슴에는 순전하다고 하나님께서 명찰 달아주신 목사 장세진, 논리와 재치가 있는 뛰어난 설교자 박이삭 목사, 얼굴의 미소를 사람들 마음에 넣어주는 김효진 전도사, 미국문화와 한국문화를 합쳐 하나님 나라 문화를 만들고 있는 개척자 이혁진 목사, 아이의 순전한 마음과 지혜자의 안목을 겸비한 강현철 목사, 하나님이 하실 일이 기대되는 탁월한 목회자 홍철진 목사, 목사 아들들의 희망이며 표상인 우리의 희망 손도결 강도사, 바울의 열정과 바나바의 섬세함이 함께 있는 청년 이형준 강도사, 성실이 습관이 된 부드러운 친구 정송한 강도사, 얼굴로 하나님의 마음을 보여주며 찬양하는 귀한 사람 이상민 전도사, 디모데와 바나바가 만나 하나 되어 나타난 것 같은 아름다운 사람 지현도 전도사, 언제 보아도 사랑스런 우리의 기대주 김지석 전도사, 열정과 긍휼이 조화를 이룬 사람 모진찬 전도사, 저기 꿈꾸는 사람이 오는도다, 그 이름은 우리 막내 조혜림 전도사.

좋은 것에 대한 믿음의 반응_ 본받음

좋은 사람, 사람의 좋은 것에 믿음으로 반응하는 것이 본받음이다. 하나님이 우리 곁에 좋은 사람들을 많이 두신 이유는 우리를 키우시기 위함이다. 하나님은 시청각 교육의 대가시다. 성경을 통해 우리를 가르치시는 하나님은 시시때때로 시청각 교재를 사용하신다. 그 교재 중에 하나가 우리 곁에 있는 사람들이다. 순종하면 어떻게 되는지, 사랑하면 어떻게 되는지, 공경하면 어떻게 되는지를 시청각적으로 보여주는 사람을 우리 곁에 두셨다. 그 시청각 교재를 보고 따라하라고, 본받으라고. 주변에 본받을 사람이 많은 것은 복이다.

우리가 본받아야 할 사람들은 멀리 있지 않다. 가까이에 있다. 목사가 본받아야 할 사람들은 교회 안에 있다. 성도들 중에는 기도하는 것을 본받아야 할 성도가 있고, 전도하는 것을 본받아야 할 성도가 있고, 온유함을 본받아야 할 성도가 있다.

본받을 사람이 주변에 많다 하여 다 본을 받는 것은 아니다. 본을 받겠다는 마음과 자세를 가져야 한다. 본은 그냥 저절로 받아지는 것이 아니다. 주변에 뛰어난 사람, 모범이 되는 사람이 있다고 해서 다 그 사람을 본받는 것은 아니다. 어떤 사람은 그 사람을 본받으려고 한다. 그러나 또 어떤 사람은 본받기보다 그를 시기해서 비난하고 비판한다. 안타까운 일이다.

어려서부터 본받는 것이 몸에 배면 좋다. 본받겠다는 마음을 가진 아이는 옆에 있는 우등생을 본받아 열심히 공부한다. 그에게 어떤 일이 일어날지는 자명하다. 그러나 또 어떤 아이들은 그를 본받는 대신 그를 시기하고 괴롭힌다. 잘난 체를 한다느니, 뭐 공부만 잘하면 다냐느니 하면서 시비를 건다. 이런 상태로 어른이 되면, 어른이 되어서도 본받으라고 곁에 보낸 사람들을 비난하고 시비하며 평생을 산다. 성장도 성숙도 없다. 성인아이가 되고 만다.

본을 받겠다는 마음 하나가 관계를 행복하게 하고 인생을 얼마나 풍요롭게 하는지 모른다. 하나님은 오늘 우리에게 묻고 계신다. "내가 너를 위해 네 곁에 보낸 내 '시청각 교재'를 넌 어떻게 하고 있느냐. 본받고 있느냐, 아니면 그를 시기해서 비난하고 시비하고 있느냐." 행복하기를 원하면, 잘되기를 원하면 본받는 쪽을 택해야 한다. 본받을 것이냐, 시비할 것이냐가 행복과 불행을 가른다. 성장과 정체를 결정한다.

본받기를 원하면 그를 인정해야 한다. 인정하는 것은 본받기 1단계다. 그래서 본받겠다는 것은 겸손이다. 겸손으로 우리 마음이 채워질 때 우리는 하나님이 보낸 사람들을 본받으려는 마음으로 바라볼 수 있다. 그러면 그에게서 받아야 할 본이 보일 것이다. 비난하고 시비하겠다는 교만한 마음으로 보면 비난하고 시비할 것들이 보일 것이다. 사람은 어떤 마음으로 보느냐에 따라 달리 보인다. 자신의 마음대로 보이는 게 사람이다.

우리 곁에 있는 사람들이 다 좋은 사람들, 본이 되는 사람들만은 아니다. 우리 곁에 있는 사람들, 우리가 알고 있는 사람들 중에는 저렇게 하면 안 된다는 것을 하나님께서 보여주기 위해 보내주신 사람도 있다. 우리 곁에도 거짓으로 망하는 사람들이 있다. 우리 곁에도 악을 심고 재앙을 거두는 사람들이 있다.

성경은 행악자로 인하여 분을 품지 말며 악인의 형통함을 부러워하지 말라고 가르친다. 행악자를 향해 우리가 분을 품고 저주를 쏟을 필요는 없다. 그것은 하나님께서 하실 일이다. 우리는 다만 그들을 통해 배워야 한다. 그들 역시 시청각 교재다. 하나님의 말씀을 버리고 자기 마음대로 나갈 때 그 결과가 어떠한 것을 우리에게 보여주는 시청각 교재다. 말씀을 통해서도, 악을 뿌리면 재앙을 거둔다는 진리를 배워야 한다. 또한 우리 곁에 악을 뿌리고 재앙을 거둔 사람을 보고도 배워야 한다.

우리 곁에 있는 사람들은 다 하나님의 시청각 교재다. 어떤 사람은 이렇게 하면 행복하다고 알려주는 교재이고 어떤 사람은 이렇게 하면 불행하다는 것을 보여주거나 들려주는 시청각 교재다. 안타까운 것은 이 교재를 반대로 활용하는 사람도 있다는 점이다. 본받을 것은 본받지 않고 본받지 말아야 할 것을 본받는 사람 말이다.

하나님의 시청각 교재를 잘 활용하는 은혜를 구해야 한다. 본받을 것과 본받지 말 것을 분별하는 지혜를 구해야 한다. 따라할 것과 따라하지 말아야 할 것을 구분하는 은혜가 필요하다. 또한 곁에 있는 사람들에게 자신이 좋은 시청각 교재가 되어야 한다.

좋은 것에 대한 믿음의 반응_ 사모

다른 사람에게서 좋은 것을 보았을 때, 그래서 부러운 마음이 들 때 우리가 할 수 있는 일이 있다. 그것을 사모하는 것이다. 그것을 하나님께 구하는 것이다.

우리는 다른 사람에게서 좋은 것을 보고 부러운 마음이 들면 "하나님, 저도 이거 주세요" 하고 기도하면 된다. 예를 들어 친구가 좋은 차를 타고 왔는데 부러울 수가 있다. 나도 저런 차를 탔으면 좋겠다는 마음이 들면 그 차에다 슬그머니 손을 대고 한마디 하면 된다. "하나님, 저도 이런 차요." 성격이 참 좋은 사람을 만났다고 하자. 그것이 부러우면 역시 "하나님, 저도요" 하면 된다.

친구 아들 결혼식에 갔는데 그 집 며느리가 마음에 들 수 있다. 부러울 수가 있다.

"얼굴 이쁜 애들은 얼굴값 한다더라. 거기다 배우기까지 했으니……. 배운 것들은 배운 척을 한다던데, 너 이제 며느리살이 시작되는구나."

이러면 아름답지 않다. 사람 추해진다.

"야, 축하한다, 축하해. 어디서 이렇게 이쁜 며느리를 얻었니! 얘, 이건 네 복이다, 복. 박사과정 중이라고? 이건 경사다, 경사야. 너희 집안이 이제 활짝 피겠구나. 그동안 애 키우느라고 수고했는데 하나님이 때가 되니 이런 상을 주시는구나. 야, 우리 아들도 네 며느리 같은 색시 얻게 해달라고 기도해줘."

좋은 것을 좋게 말하면 품위 있는 인생을 산다.

좋은 것에 대한 믿음의 반응_ 기대

"똑같이 해주지 않으면 아무에게도 못 해준다."

여러 사람이 있을 때 그들 모두에게 해주지 않으려면 그중에 누구에게도 해줘선 안 된다는 이야기를 들을 때가 있다.

재난이 나서 지방으로 구호하러 갔을 때 일이다. 침수 피해를 당한 주민들은 당장 지어 먹을 쌀이 없다. 그런데 동사무소에는 쌀이 쌓여 있다. 나눠주지 않는 이유를 물었더니 이재민 가구 수만큼의 쌀이 들어올 때까지 기다리고 있는 중이라고 했다. 어느 한 지역만 나눠주면 받지 못한 지역 주민들이 항의하기 때문이다. 안타깝지만 재난 지역에 가면 흔히 있는 일이다. 다 못 받는 것은 괜찮은데 다른 사람은 받고 자신은 받지 못하는 것을 힘들어한다.

"다음은 내 차례다!"

다른 사람이 좋은 것을 받을 때 이런 다음 하나가 우리를 얼마나 여유롭게 하는지 모른다.

"언니 옷을 사주면 다음은 내 차례다."

"오빠 집을 사주면 다음은 내 차례다."

우리는 이것을 하나님 앞에서도 고백할 필요가 있다.

어떤 사람에게 좋은 일이 있다. 그것을 보면서 하나님이 저 사람만 편애한다고 생각하면 우울해진다. 하나님이 그에게 하신 좋은 일을 보면서 다음은 내 차례라고 생각해보라. 하나님이 이번에는 저 사람에게 주셨으니 다음은 내 차례라고 생각해보라. 그러면 그 사람에게 좀 더 좋은 것으로 해주시라고 할 것이다.

마치 하나님께서 여호수아의 더러운 옷을 갈아입히시자 스가랴가 정결한 관도 씌워주시라고 부탁했던 것과 같이 우리도 할 수 있다. 기왕 그 사람에게 좋은 것을 주실 때에 좀 더 주시라고 축복할 수 있다.

좋은 것에 대한 믿음의 반응_ 표현

사람에게 좋은 것이 있다. 그것이 그 사람의 성품일 수도 있고, 성격일 수도 있고, 그가 하는 선한 일일 수도 있고, 잘하고 있는 일일 수도 있다. 하나님은 그것을 말해주라고 하신다. 하나님은 우리에게 "서로 돌아보아 사랑과 선행을 격려하라"고 하신다. 사랑과 선행은 좋은 것이다. 잘하는 것이다. 이것을 말해주라는 것이다.

예수님도 좋은 것을 좋다고 말씀해주셨다. 한 여인이 향유 옥합을 가지고 와서 예수님의 머리에 부었다. 사람들이 이 일을 오해할 때 예수님은 "그가 내게 좋은 일을 하였다"고 말해주셨다. 하나님은 다윗을 내 마음에 합한 사람이라고 말해주셨다. 다윗의 좋은 것을 좋다고 말씀해주셨다. 우리도 부지런히 예수님을 따라, 하나님을 따라 우리 주변 사람들에게 좋은 것은 좋다고 말해줄 필요가 있다.

사람들이 좋은 것을 좋다고 하는 말을 얼마나 사모하는지 모른다. 그런데 안타깝게도 그 말을 마음에 담아놓고 사는 사람들이 있다. 그것을 꼭 말을 해주어야 아느냐고 반문하면서 말이다. 그렇다. 말을 해주어야 안다. 마음에 있는 그 말을 사람들은 듣고 싶어 한다.

좋은 것을 좋다고 말하지 않는 이유도 여러 가지다. 어떤 사람은 상대가 교만해질까 봐, 어떤 사람은 좋다고 말해주면 그가 좋아할까 봐, 좋은 것을 상대도 이미 알고 있기 때문에, 또 말할 이유가 없어서, 아부하는 것으로 오해 받을까 봐 좋아도 좋다고 말하지 않는다. 안타깝게도 이것은 모두 사랑이 부족하거나 오해 때문에 생긴 일들이다.

사랑이 부족하면 사랑을 충전 받아, 좋다고 말하는 것에 대해 오해를 했다면 오해를 풀고, 좋은 것은 좋다고 말해주어야 한다. 좋은 것을 좋다고 말해주는 것은 관계를 아름답게 하고 행복하게 하는 초석이다. 아가서를 읽어보라. 신랑과 신부가 좋은 것을 좋다고 얼마나 많이 말하는지 확인할 수 있을 것이다.

좋은 것을 좋다고 말하는 것이 칭찬이다. 현재 그에게 있는 좋은 것을 말해주는 것, 본인 스스로는 그것이 좋은 것인지 모를 때 그것을 찾아서 말해주는 것이 칭찬이고 격려다. 앞으로 좋게 될 것이라고 믿음으로 말해주는 것이 축복이다.

다음은 매일경제신문에 실린 칼럼에서 읽은 것이다.

세계 굴지의 회사인 GE의 최고경영자(CEO) 자리를 20년간이

나 지키면서 시가총액을 40배나 키운 전설적인 CEO 잭 웰치 전 회장의 어머니도 많은 것을 생각하게 한다. 어릴 적 말을 더듬는 습관이 있었던 웰치에게 어머니는 늘 "네가 말을 빨리 못하는 이유는 너무 똑똑하기 때문이란다. 다른 사람보다 두뇌 회전이 빨라서 말이 네 생각을 못 쫓아가는 거야"라고 말해주었다. 이런 어머니의 격려 덕분에 그는 말을 더듬는다는 이유로 부끄러워하거나 용기를 잃지 않았고, 결국 세계적인 회사의 CEO가 될 수 있었다.

다른 사람이 보지 못하는 좋은 것을 보고 좋다고 말해준 어머니의 격려가 아들의 인생을 바꿔놓았다. 좋은 것을 누구나 다 보는 것은 아니다. 그것을 볼 수 있는 사람이 따로 있다. 사랑하는 사람이다. 사랑할 때 좋은 것이 많이 보인다. 미워하면 좋은 것도 얄밉게 보인다. 자녀를 사랑하는 부모가 친구들이 보지 못하는 좋은 점을 많이 보고 많이 말해주어야 한다. 자녀들의 친구들 중에는 사려 깊은 친구도 있지만 그렇지 못하고 함부로 말하는 친구도 있을 수 있다. 그것을 중화시키기 위해서라도 부모는 자녀들에게 좋은 것을 좋다고 많이 말해주어야 한다.

2008년 5월 인도네시아 선교사 수련회에 참석해 한 주간 말씀으로 섬긴 적이 있다. 수련회를 마치고 일흔다섯 명의 선교사님들이 좋은 것을 좋았다고 적어줬다. 그것이 사랑고백으로, 감사로, 칭찬으로, 격려로 내게 따듯하게 전해졌다.

- 말의 힘을 두 번 정독했습니다. 그럼에도 들으니 더욱 새롭게 깨닫게 됩니다. 진작 깨달았더라면, 처음 선교할 때 알았더라면 선교사역이 달라지지 않았을까 싶습니다. 너무나 은혜롭고 깊이 깨닫는 시간입니다(김O국 선교사).
- 인생을 바꾸는 말의 힘, 말의 습관을 속 시원케 강의해주시며 나의 인생의 '키'가 다른 방향으로 전환되게 해주셔서 감사를 드립니다. 귀한 말씀 감사하며 받은 은혜 현지 사랑하는 목회자, 원주민들에게 전하는 자로 설 것입니다. 감사합니다(성O화 선교사).
- 인간관계와 하나님과의 관계에 핵심이 되는 '말'에 대해서 구체적으로 안내해주시고 말씀해주셔서 감사드립니다. 말씀의 능력이 하나님께만 있는 것으로 생각했고 그렇게 살아왔는데 이렇게 놀라운 능력을 제게 주신 것을 깨닫게 해주셔서 감사드립니다. 또한 생각이 얼마나 중요한지도 또한 칭찬과 격려 등

모든 부분에 새롭게 해주심을 감사드립니다. 사실을 사실대로 말한 것이라고 생각했는데 그것이 믿음이 없이 한 말일 수도 있다는 것을 알게 해주셔서 감사드립니다. 목사님! 감사드립니다. 축복합니다! 사랑합니다!(자카르타 동부교회 이O자 사모)
- 저희 부부에게 말과 생각을 바뀌게 하는 계기가 되었습니다. 큰 것만 생각하고 작은 것은 생각지 못했습니다. 그래서 참석 전 참 많이 어려웠습니다. 선교지에 와서 생각이 다르고, 보고 이해하는 것이 이처럼 다른지 몰랐습니다. 하지만 목사님과의 만남에 위로를 받았습니다. 보는 세계와 생각의 세계가 달라졌습니다. 감사합니다. 늘 건강하시고 행복하세요. 승리하세요(최O희, 손O희 선교사).

목사는 위로와 격려가 필요 없는 사람으로 오해하는 경우가 있다. 그렇지 않다. 당연한 사실이지만 목사에게도 위로와 격려가 필요하다. 비단 목사만이 아니라 아버지나 사장도 위로가 필요하다. 대통령과 장관들도 마찬가지다. 따뜻한 편지 한 통, 문자 하나가 큰 힘이 된다. 나는 성도들에게 나는 위로가 필요한 사람임을 수시로 이야기한다. 나는 하나님께서 성도들을 통해서 주시는 위로를 이제까지 받아왔고 앞으로도 받기를 원한다.

성도들을 통해서 말로, 때로는 글로 격려를 받는다. 따뜻한 격려를 받을 때마다 얼마나 힘을 얻는지 모른다. 나는 설교를 늘 하는 입장이고 성도들은 늘 설교를 듣는 입장이다. 이것은 일상이다. 일상이 된 일도 좋다고 말해주면 힘이 난다. 가끔은 설교와 관련해서 격려를 받을 때가 있다. 다음은 그 편지 중 하나다.

존경하는 목사님!

　어느 날이었어요. 제가 사람으로 인해 많이 힘들어하는 중에 금요철야예배를 참석했습니다. 그날 설교는 다른 목사님께서 하셨고, 이어서 목사님께서 나오셔서 목사님 마이크를 새로 설치한다고 목사님 목소리로 테스트를 꼭 해봐야 한다고 해서 3분만 얘기를 좀 해야겠다고 하셨습니다. 그리고는 '성령에 취하여 원수를 사랑하라' 는 말씀을 오늘 받은 은혜라고 하시며 전해주셨습니다. 그 말씀을 들으면서 그동안 힘들었던 제 마음이 정말 평안해지는 것을 느꼈습니다.

　마음속에 하나님께서 그 사람을 그럼에도 불구하고 사랑하라는 말씀을 주셨는데 제가 '어떻게 그렇게 합니까?' 라는 생각을 하면서 여전히 그를 미워하고 있었기 때문에 힘들었던 겁니다. 힘으로는 절대 할 수 없는 것, 그러나 성령에 취하여 그를 사랑하고 그에게 속옷뿐 아니라 겉옷도 내주어야 한다는 것이 저를 그날 밤 얼마나 자유롭게 했는지 모릅니다.

　목사님, 그날 밤 설교가 기억나세요? 그 말씀을 다 마치시고 목사님께서 '3분 얘기하러 왔다가 또 30분 얘기하고 갑니다. 그래도 오늘 이 밤에 이 말씀을 듣기 위해서 이곳에 온 분이 여기 있을 줄 믿습니다' 라고 하셨었는데 그때 정말 손이라도 번쩍 들고 싶었답니다.^^

목사님을 통해서 제게 힘 주신 하나님께 감사합니다. 그때의 말씀뿐 아니라 항상 주일예배에서도, 금요기도회 기도에서도 늘 제 상황에 필요한 말씀을 공급받습니다. 그래서 예배 시간에 매번 저와 제 남편은 말씀을 듣다가 웃을 때가 많습니다. 제가 남편에게 농담으로 '나 몰래 목사님께 내 얘기하는 거 아니야?' 하고 물을 정도로 '어떻게 그런 사소한 것까지 다 아시고 말씀하실까' 할 때가 많습니다.

어떤 주는 말씀에 많이 거역한 때는 주일설교 듣기가 떨릴 때도 있습니다. 그런 날도 절대 봐주는 일 없이 하나님은 제게 목사님을 통하여 말씀하십니다. 남편이 제가 걱정하고 마음이 상해 있을 때는 '목사님 말씀 한 번 들어보고 생각하자'고 할 때가 많습니다. 굳이 목사님을 찾아가지 않아도 예배말씀 속에 그 해답이 다 들어 있습니다.

어제 전문의 합격소식을 들었습니다. 지금의 제 모습이 있기까지 늘 제 마음을 만지시는 하나님께 감사드리그 또 그 하나님의 음성을 듣게 하시는 목사님께 감사드립니다. 앞으로도 하나님과의 의사소통이 잘 이뤄지기를 소망합니다. 늘 그 연결자- 되어주시는 목사님이 건강하고 또 건강하기를 기도합니다. 앞으로도 감격의 그 순간들을 잘 모아서 감사 글을 쓸 겁니다.^^

목사님, 마음 깊이 사랑하고 존경합니다.

좋은 것은 말해주라

- 함께 읽을 말씀 : 창세기 1장 1-31절
- 마음에 새길 말씀 : 아가 4장 7절

1. 하나님이 세상과 사람을 창조하신 후에 하신 말씀이 있다. 그것은 "좋다"이다. 성경은 이것을 "하나님이 보시기에 좋았더라"고 기록하고 있다. 모든 창조를 마치신 후 하나님의 종합평가는 "심히 좋다"이다. 하나님은 좋은 것을 좋다고, 심히 좋으면 심히 좋다고 말해주셨다.

2. 사람에게 좋은 것이 있다. 당신에게 있는 좋은 것들을 적어보라.

3. 자신에게 있는 좋은 것과 연약한 것 리스트를 비교해보라. 어느 것이 더 많은가?

4. 좋은 것에 대한 안타까운 반응이 있다. 그것은 무엇인가? 왜 이런 현상이 생기는가?(관계행복〈이하 본문〉 pp.114-116 참고)

5. 좋은 것에 대해 부정적인 반응이 있다. 그것은 무엇인가? 이렇게 반응하는 이유는 무엇인가?(본문 pp.117-118 참고)

6. 좋은 것에 대한 부정적인 반응이 또 있다. 그것은 무엇인가? 왜 이렇게 반응하는가?(출 20:17, 본문 pp.118-119 참고)

7. 일반적으로 좋은 것을 보면 부러워진다. 이 부러움이 시기를 만나 짝을 이루고, 탐심이 되어 나타나지 않도록 주의해야 한다. 그 이유는 무엇인가?(본문 pp.118-119 참고)

8. 좋은 것에 대한 믿음의 반응은 그것을 하나님의 위로로 받아들이는 것이다. 하나님이 당신 곁에 두신 좋은 사람들은 당신을 위로하시기 위한 하나님의 선물이다. 필자가 동역자들에 대해 적었던 것처럼 당신 주변에 있는 사람들에 대해 한번 적어보라(본문 pp.119-121 참고).

9. 좋은 것에 대한 믿음의 반응이 또 하나 있다. 그것은 무엇인가?(본문 pp.121-125 참고)

10. 본받기의 1단계는 무엇인가? 본받음의 유익을 함께 나누라(본문 p.123 참고).

11. 우리 곁에는 본받지 말아야 할 사람들도 있다. 어떤 사람들을 본받지 말아야 하는가?(잠 13:20, 22:24, 24:21)

12. 우리가 본받지 말아야 할 사람들도 으리를 교훈하시기 위한 하나님의 시청각교재다. 그들이 시청각교재 역할을 어떻게 하는가?(본문 pp.123-124 참고)

13. 좋은 것에 대한 믿음의 반응은 사모하는 것이다. 구체적으로 이것은 어떻게 하는 것인가?(본문 pp.125-126 참고)

14. 좋은 것에 대한 믿음의 반응은 기대하는 것이다. "다음은 내 차례다." 이 말의 의미가 무엇이며, 그 유익이 무엇인가? (본문 pp.126-127 참고)

15. 하나님은 좋은 것에 대해 어떻게 하셨는가?(창 1:4, 31) 예수님은 또 어떻게 하셨는가?(마 26:10)

16. 좋은 것에 대한 믿음의 반응은 표현하는 것이다. 말해주는 것이다. 당신이 좋은 것을 좋다고 말해주어 상대가 감동했던 경우가 있으면 함께 나누라. 반대로 당신이 감동했던 일이 있다면 그것을 함께 나누라(본문 pp.128-135 참고).

17. 이 과를 통해 받은 은혜를 함께 나누라.

FOR A RELATIONAL HAPPINESS

사람과의 관계를 아름답게
05_ 능력은 인정해주라

하나님께서 이 세상을 창조하신 후에 창조한 세상을 사람에게 맡기셨다. 사람에게 이 세상을 통치하라고 하셨다.

> 하나님이 자기 형상 곧 하나님의 형상대로 사람을 창조하시되
> 남자와 여자를 창조하시고 하나님이 그들에게 복을 주시며
> 하나님이 그들에게 이르시되 생육하고 번성하여 땅에 충만하라,

땅을 정복하라, 바다의 물고기와 하늘의 새와

땅에 움직이는 모든 생물을 다스리라 하시니라. 창세기 1장 27-28절

  하나님이 사람에게 이 세상 통치를 맡기셨다는 것은 사람 안에 이 세상을 통치할 능력이 있음이 전제된 것이다. 하나님께서는 세상을 통치할 능력을 사람에게 주시고 통치하라고 하신 것이다. 이 얼마나 놀라운 일인가. 사람 안에 세상을 통치할 능력이 있다니. 이 사람이 바로 당신이다.

  물론 사람이 죄를 지음으로 말미암아 이 큰 능력과 하나님을 닮은 좋은 성품들을 상실했지만, 예수 그리스도로 말미암아 우리는 그 모든 것을 회복했다. 잃어버렸던 하나님의 형상도 찾았고, 세상 통치권도 회복했다. 이것은 예수님이 증명해 주신 일이다.

내가 진실로 진실로 너희에게 이르노니

나를 믿는 자는 내가 하는 일을 그도 할 것이요

또한 그보다 큰 일도 하리니

이는 내가 아버지께로 감이라. 요한복음 14장 12절

예수를 믿는 사람에게는 예수님이 하신 일을 할 수 있는, 아니 그보다 큰일도 할 수 있는 능력이 있다. 우리 안에는 하나님이 주신 능력이 있다. 당신 안에는 엄청난 능력이 매장되어 있다. 금이 매장된 곳을 금광이라 부르고, 석탄이 매장된 곳을 탄광이라고 부른다면 당신은 능력광이다.

하나님은 세상을 창조하시고 그것을 당신에게 주시며 정복하고 다스리라고 하셨다. 하나님은 이 세상을 다스리고 통치할 능력을 당신에게 주시고 당신에게 이 세상 관리를 맡기셨다. 세상을 관리할 능력이 당신 안에 있다. 이것은 사실이다. 당신은 능력자다.

이 세상을 떠나 저 천국에 갔을 때 한바탕 소동이 벌어질 것 같다. 여기저기서 "아니, 내 안에 그런 능력이 있었단 말입니까" 하고 놀라는 소리가 날 것 같다. 세상에서 사용하라고 하나님이 주신 능력을 그대로 갖고 간 사람들이 자신에게 어떤 능력이 있었는지를 그제야 깨닫고 안타까워하는 소리다. 하나님이 우리에게 주신 능력은 보관용이 아니다. 잘 보관했다가 도로 천국으로 가져오라고 주신 것이 아니다. 사용하라고 주신 것이다. 하나님께서 달란트 비유를 통해 가르쳐주신 그대로다.

능력은 보관용이 아니다

어떤 사람이 타국으로 가면서 그 종에게 자기 소유를 맡겼다. 한 사람에게는 다섯 달란트, 또 한 사람에게는 두 달란트, 다른 한 사람에게는 한 달란트를 맡겼다. 다섯 달란트와 두 달란트를 받은 사람은 그것을 가지고 열심히 장사해서 배로 늘렸다. 그러나 한 달란트 받은 사람은 그것을 땅에 그대로 묻어 두었다가 주인이 돌아와 회계할 때 그대로 가지고 왔다. 물론 이 사람은 주인에게 야단을 맞았다. 맡기신 하나님의 뜻은 그것을 사용하는 것이다.

많은 경우 자신이 능력이 없다고 생각한다. 그렇게 생각하는 주된 이유가 무엇인가를 생각해보았다. 안타깝게도 그중 하나는 사람의 능력 중에 일부 능력을 측정하는 기준인 IQ로 자신의 능력 전체를 평가하는 우를 범했기 때문이다. 학교 다닐 때 대부분 IQ검사를 받는다. 그것을 이런저런 경로를 통해 본인이 알게 된다. 이 IQ에 평생을 매여 사는 사람들이 있다. 이 수치가 좀 높다고 우월감에 사로잡혀 지내고, 이 수치가 낮다고 평생을 열등감 속에 지내는 경우도 있다. 이 IQ를 기준으로 자신은 무능하다고 스스로 단정하는 경우도 있다. 말 그대로 IQ(intelligence quotient)는 지능 지수다. 사람에게 있는 수백 아니 어쩌면 수천의 능력 가운데 하나인 지적 능력을 측정하는 수치다. 이 수치가 당신의 능력 전체를 나타내는 것은 아니다.

능력의 다양성

베르나르 베르베르라는 유명한 소설가가 있다. 그가 한국을 방문했을 때 조선일보 문갑식 기자가 인터뷰를 했다. 그 인터뷰 중에 기자가 그의 IQ를 물었다. 그는 놀랍게도 한번도 IQ 검사를 받은 적이 없다고 했다. 그 이유를 테스트해서 만족스럽지 못한 점수를 받으면 불행해질까 봐 그랬다고 솔직하게 대답했다.

그러면서 그는 "성능 좋은 고급차를 사는 것보다 그 차가 잘 굴러갈 수 있는 길을 선택하는 게 더 중요하다"며 "인간의 능력엔 세 가지가 있다"고 설명했다. 기자가 그것이 무엇인지를 묻자 그는 "기억력, 적응력, 상상력"이라고 대답했다. "전 상상력을 발달시켰어요. 학교에서 모범생도 아니고 지능이 높지도 않지만 상상력을 발달시키면 자기의 재능을 발견할 수 있습니다." 그가 덧붙인 말이다.

그렇다. 상상력도 능력이다. 사람과 좋은 관계를 맺는 것, 이것은 대단한 능력이다. 사람을 사랑하고 사물을 사용하며 사는 것도 능력이다. 순종도 능력이다. 하나님과 채널을 열어 놓고 사는 것도, 화목하게 하는 것도 능력이다. 손재주도, 그림을 잘 그리는 것도, 말을 잘하고 글을 잘 쓰는 것도 능력이다. 생각을 통제하는 것도, 사람의 마음을 평안하게 하는 것도 능력이다. 음식을 잘 만드는 것도, 정리를 잘하는 것도, 물건을 잘 파는 것도, 꽃을 잘 가꾸는 것도 능력이다. 돈을 버는 것도 능력이고, 돈을 쓰는 것도 능력이다.

이런 능력들이 IQ로 다 나타나는가. 이제 우리는 더 이상 IQ로 우리의 능력 전체를 평가하는 우를 범해선 안 된다. IQ가 낮은 사람은 무능한 사람이 아니다. 그에게는 그것으로 검사할 수 없는 다른 영역에 위대한 능력이 있다. 이제 더 이상 '나는 무능하다'고 말하지 말라. 무능하다는 말은 능력이 없다는 말이다. 당신은 무능하지 않다. 당신은 유능하다. 하나님이 주신 능력이 있다. 이 세상 그 어떤 사람도 전능하거나 무능하지 않다. 당신도 전능하지는 않다. 당신에게 없는 능력이 있다. 그것 때문에 무능하다고 생각해선 안 된다. 전능한 사람이 없듯이 무능한 사람도 없다. 다만 그것을 발견하지 못하고 사용하지 못하고 있는 사람이 있을 뿐이다.

내게 없는 능력은 옆 사람에게 있다

하나님이 사람에게 능력을 주신다. 하나님은 능력을 한 사람에게 다 주시지 않고 사람들에게 나눠주신다. 이렇게 하신 하나님은 각 사람의 능력을 합쳐서 하나님이 맡기신 일들을 수행하도록 디자인 하셨다. 세상 통치도, 기업 경영도, 목회도, 이웃 사랑도, 직장 생활도 각 사람에게 주신 능력을 합쳐야 되어지는 이유다. 그래서 성경에 연합하라, 하나 되라, 함께하라는 말씀이 그렇게 많은 것이다.

하나님이 출애굽의 지도자로 모세를 부르실 때 일이다. 하나님이 호렙산에서 모세에게 나타나 "이제 내가 너를 바로에게 보내어 너에게 내 백성 이스라엘 자손을 애굽에서 인도하여 내게 하리라"고 말씀하셨다. 모세는 "내가 누구이기에 바로에게 가며 이스라엘 자손을 애굽에서 인도하여 내리이까" 기겁을 하며 자신은 할 수 없다고 했다. 하나님께서 "내가 반드시 너와 함께 있으리라"고 거듭 약속을 해 주어도 모세는 자신이 할 수 없는 이유를 계속 나열했다. "오 주여, 나는 본래 말을 잘하지 못하는 자니이다. 주께서 주의 종에게 명령하신 후에도 역시 그러하니 나는 입이 뻣뻣하고 혀가 둔한 자니이다." 하나님께서 모세에게 "누가 사람의 입을 지었느냐. 누가 말 못 하는 자나 못 듣는 자나 눈 밝은 자나 맹인이 되게 하였느냐. 나 여호와가 아니냐. 이제 가라. 내가 네 입과 함께 있어서 할 말을 가르치리라" 약속하셨다. 그럼에도 모세는 여전히 보낼만한 자를 보내달라고 사정했다. 여호와께서 모세를 향하여 노하여 이르셨다.

> 레위 사람 네 형 아론이 있지 아니하냐.
> 그가 말 잘 하는 것을 내가 아노라 그가 너를 만나러 나오나니
> 그가 너를 볼 때에 그의 마음에 기쁨이 있을 것이라.
> 너는 그에게 말하고 그의 입에 할 말을 주라.
> 내가 네 입과 그의 입에 함께 있어서
> 너희들이 행할 일을 가르치리라.
> 그가 너를 대신하여 백성에게 말할 것이니
> 그는 네 입을 대신할 것이요
> 너는 그에게 하나님 같이 되리라. 출애굽기 4장 14-16절

하나님이 모세를 향해 노를 발하신 것은 그가 말을 잘하면서 못한다고 했기 때문이 아니다. 하나님은 모세에게 말 잘하

는 능력이 없는 것을 아셨다. 그런 모세에게 하나님께서 출애굽의 지도자 역할을 맡기셨다. 일반적으로 이런 상황이 되면 하나님께서 모세에게 말 잘하는 능력을 주셔서 그 일을 감당하도록 해 주실 것이라고 기대한다. 아마 모세도 같은 생각을 했던 것 같다. 하나님에게 출애굽의 지도자가 되라는 명을 받기 전이나 후가 말 잘 못하기는 마찬가지라는 그의 말 속에 이런 마음이 묻어난다. "하나님, 나에게 이스라엘 백성들을 출애굽시키는 일을 맡기시려면 이전에는 말을 잘 못했더라도 이제라도 말 잘하는 능력을 주셔야 하지 않습니까. 그런데 나는 지금도 여전히 말을 잘하지 못하고 있지 않습니까. 이런 내가 어떻게 이스라엘 백성들을 설득해서 애굽에서 인도해 나오겠습니까. 능력을 주셔야 할 수 있는 일 아닙니까." 어쩌면 이것이 모세가 하고 싶었던 말인지 모른다.

하나님은 말을 잘하지 못하는 모세에게 말 잘하는 그의 형 아론을 보내 그 옆에 머물게 하셨다. 모세에게 없는 능력은 옆에 있는 아론에게 있다. 이것이 하나님이 모세에게 능력을 주시는 또 하나의 방법이다. 물론 하나님은 능력을 당사자에게 주기도 하시지만, 이와 같이 옆에 있는 사람에게 주시기도 한다. 하나님이 자신에게 주신 능력만 능력이라고 생각하면, 하나님이 이미 능력을 주셨음에도 능력을 주시지 않았다고 오해할 수 있다.

하나님은 내게 없는 능력은 옆 사람에게 주신다. 그것도 내게 주신 능력이다. 이것을 알고, 이것을 인정하면 옆 사람의 능력도 자신의 것이 된다. 그러나 이것을 모르고, 이것을 인정하지 않으면 옆 사람의 능력은 자신과 무관하다. 옆 사람이 아무리 뛰어난 능력을 갖고 있어도 그것이 자신에게는 소용이 없다. 사람들 중에는 옆 사람에게 있는 능력이 자신을 위해 하나님이 주신 것인 줄 모르고, 오히려 그 능력이 있는 사람을 시기하고 질투하는 우를 범하는 사람도 있다. 사울 같은 사람들이다.

하나님이 사울에게 없는 능력을 다윗에게 주셨다. 사울은 이스라엘의 왕이지만 블레셋의 장수 골리앗 앞에서 백성들과 함께 떨고 있었다. 그와 맞서 싸울 담대함과 그와 싸워 이길 수 있는 전략과 전술과 기술이 없었다. 그러나 다윗에게는 하나님이 주신 담대함과 물맷돌이라는 무기와 그것으로 급소를 명중시킬 수 있는 기술이 있었다. 다윗은 골리앗을 쓰러뜨렸다. 사울이 이 일을 통해 옆 사람, 다윗에게 있는 능력이 자신의 능력임을 알았다면 그의 남은 삶은 달라졌을 것이다. 그러나 안타깝게도 사울은 그것을 알지 못했고, 결국은 자신에게 없는 능력이 있는 옆 사람, 다윗을 시기하고 질투하고 나아가 그를 죽이려고 했다.

하나님은 사람에게 능력을 주신다. 직접 주시기도 하고, 옆 사람에게 주시기도 한다. 내게 주신 능력이나 옆 사람에게 주신 능력이나 다 하나님이 나를 위해 내게 주신 능력이라는 사실을 기억해야 한다. 이것을 알고 이것을 인정하게 되면 옆에 있는 사람의 능력이 당신의 것이 된다. 능력이 있는 옆 사람을 귀히 여긴다.

모략을 길어 올리는 두레박

당신 안에 있는 능력은 길어 올려야 한다. 당신 곁에 있는 사람들의 능력 역시 길어 올려야 한다. 이 일은 우리 자신의 일이고, 부모의 일이고, 교사의 일이고, 태우자의 일이고, 목사의 일이다. 우리 모두의 일이다.

당신 안에 있는 능력은 인정이란 두레박으로 길어 올려야 한다. 금과 돌이 섞인 원광석을 제련해야 하듯이 당신 안에 있는 능력은 제련되어야 한다. 당신은 능력의 보유자뿐 아니라 그 능력의 사용자다. 당신은 단순히 능력을 보관하고 저장하는 창고가 아니다. 그 능력으로 세상을 경영할 능력자다.

사람의 마음에 모략이 있다. 좋은 생각이나 계획이나 목적이 있다. 사람 속에는, 모든 사람 속에는 모략이 있다. 이 모략은 깊은 물과 같다. 깊은 물은 맑고 깨끗한 물이지만 길어내야 먹을 수 있다. 모략은 좋은 것이지만 길어내야 쓸모가 있다. 그것이 생각이면 현실화되어야 하고, 계획이면 실행되어야 하고, 목적이면 성취되어야 한다. 그래야 의미가 있다. 아무리 좋은 아이디어가 있어도 그것이 실용화되지 못하면 그것은 단지 깊은 물일 뿐이다.

사람에게 중요한 것은 모략이 있고 없고, 많고 적고, 크고 작음이 아니다. 그것을 길어올린 여부다. 모략이 없는 것이 아니다. 모략을 길어내지 못한 것이다. 사람의 마음에 있는 모략은 스스로 길어올리기도 하고, 다른 사람이 길어올리기도 하고, 다른 사람과 함께 길어올리기도 한다.

모든 사람이 그 마음에 있는 모략을 길어올리는 것은 아니다. 사람의 마음에 있는 모략을 길어올리는 사람이 있다. 그는 명철한 사람이다. 사람이 성경대로 하면 명철해진다.

사람의 마음에 있는 모략을 길어올리는 사람이 있고, 그 샘을 막아버리는 사람이 있다. 전자는 사랑하는 사람이고, 후자는 미워하는 사람이다. 사랑해야 사람의 마음에 있는 모략을 길어올릴 수 있다. 사랑하면 사람이 귀하게 보인다. 모략은 사람의 마음 안에 있다. 사람이 귀하게 보여야 그 사람의 마음 안에 있는 모략도 귀하게 보인다. 미워하면 좋게 보이지 않는다. 무시한다. 사람을 미워하면 당연히 그 사람의 마음에 있는 모략도 좋게 보이지 않는다. 길어올릴 필요성을 느끼지 못한다. 이것이 미워하는 사람의 의견을 무시하고 묵살하는 이유다. 사람은 미워하는데 그의 의견은 귀히 여기는 경우는 흔치 않다.

사랑하면 인정한다. 미워하면 무시한다. 인정은 사람의 마음에 있는 모략을 길어올리는 두레박이다. 무시는 사람 안에 있는 모략을 그 마음에 묶어두는 쇠사슬이다. 남편을 무시하고, 아내를 무시하는 것은 배우자 안에 있는 모략을 사장시키는 일이다. 그 마음에 있는 모략을 길어올려주는 명철한 배우자를 만난 사람은 복 받은 사람이다. 이것이 우리가 명철한 사람을 만나고 지혜로운 자와 동행해야 하는 이유다.

매달 월급을 주고 고용한 사람인데 그 속에 있는 모략을 나오지 못하도록 막고 있는 CEO가 있다면 이처럼 안타까운 경우가 어디 있을까. 인정해주지 않으면 인정받기 위해 더욱 열심을 낼 것이라는 CEO의 그릇된 생각 하나가 많은 직원들의 모략을 그 마음 깊은 곳에 고정해버릴 수 있다.

사람의 지혜로도, 명철로도, 모략으로도 하나님을 당치 못한다. 하나님 방식대로 하는 것이 명철이다. 하나님은 그의 사람들을 사랑하셨다. 인정하셨다. 너는 의인이라고, 너는 성자라고 인정하셨다. 보배롭고 존귀하게 여겨주셨다. 너는 내 아들이라고 인정하셨다. 하나님의 선先인정이다. 하나님이 우리를 이렇게 인정하실 때 우리가 어떤 상태였는지는 우리 자신이 더 잘 안다.

하나님을 따라하면 된다. 먼저 사랑하고, 먼저 인정하는 것이 명철이다.

"당신은 훌륭하다. 뛰어난 사람이다. 당신은 우리 회사 보배다. 당신이 있어 내가 있다. 당신이 한 결정이라면 나는 믿는다."

인정은 곁에 있는 사람들의 마음에 있는 모략을 길어올리는 두레박질이다. 그 모략을 길어올리면 그 덕을 길어올린 사람도 같이 본다.

지금 이 땅에는 길어올려야 할 깊은 물과 같은 모략을 그 마음에 담은 채로 그것을 길어올려줄 사람을 찾고 있는 이들이 많다. 지금 당신 곁에 있는 사람도 그중에 한 사람일 수 있다. 모략만 두레박질을 기다리고 있는 것은 아니다. 능력 역시 두레박질을 기다리고 있다. 우리의 관계는 서로의 안에 있는 능력을 두레박질해주는 관계가 되어야 한다. 우리 함께 두레박을 들고 모략을, 능력을 길어올리러 가자. 가서 당신은 뛰어나다고 말해주자. 그의 속에 있는 탁월함을 찾아 그것을 인정해주자.

사람은 인정을 먹어야 산다

사람은 밥을 먹고 물을 마셔야 산다. 그러나 사람에게는 밥과 물 말고도 먹고 마셔야 할 것들이 있다. 사람이 먹어야 사는 것 중에 하나가 인정이다. 사람이 밥을 먹지 못하면 몸이 약해지고, 인정을 먹지 못하면 정신이 약해진다. 정신적으로 어려움을 겪는 사람들 중에 상당수가 자신은 인정받지 못했다고 말한다. 부모가 자녀에게 밥은 먹여 몸은 건강하게 했는데 인정은 먹이지 않아 정신을 유약하게 만들었다면 이것은 안타까운 일이다. 그래도 인정을 먹이지 않는 정도는 정신을 유약하게는 만들어도 병들게 하지는 않는다. 그러나 인정을 먹이지 않고 도리어 무시하고 비난함으로 그 자녀로 하여금 자신을 한없이 쓸모없는 존재로 여기며 정신적으로 병든 채로 살게 했다면 이것은 너무나도 안타까운 일이다.

사람 안에는 인정받고 싶은 욕구가 있다. 이것은 모든 사람에게 다 있다. 식욕, 성욕처럼 사람에게 있는 지극히 정상적인 욕구다. 나는 인정 같은 것은 바라지 않는다고 마음에 없는 말은 할 필요 없다. 사람은 인정을 먹어야 산다. 사람이 사람에게 한 첫 말이 인정이다.

하나님이 아담을 창조하셨다. 그 후에 하와를 창조해 아담에게로 이끌어 오셨다. 그때 아담은 하와를 향해 "이는 내 뼈 중의 뼈요 살 중의 살이라"고 고백했다. 이것이 사람이 사람에게 한 첫 말이다. 그것이 인정이다. 사람은 인정이 필요한 존재로 지음 받았다.

인정을 받으면 기분이 좋다. 인정받지 못하면 우울하다. 기분 좋게 살려면 인정받아야 한다. 하지만 사람들에게 충분한 인정을 받기란 쉽지 않다. 일반적으로 사람들은 인정에 인색한 것 같다. 한 번도 부모에게 인정을 받지 못했다는 하소연을 들을 때면 마음이 아프다. 인정을 하면 자녀의 성숙이 거기서 멈출지 모른다는 불안감에 마음으로는 자녀를 인정하면서도 말로는 그것을 표현하지 않는 부모들이 있다. 안타까운 일이다.

  인정은 우리 곁에 있는 사람들 몫이라고 생각하기 때문에 인정받지 못해 우울한 것은 내가 어떻게 할 수 없는 일이라고 생각할 수 있다. 그렇게 생각하면 더 우울해질 수 있다.

  주변에 자신을 인정해주는 사람들을 많이 보내 달라고 기도할 필요가 있다. 동서사방에서 이 책을 읽는 독자들을 인정해주는 사람들을 하나님이 보내주시기를 축복한다. 자신을 인정해주는 사람이 주변에 많은 것은 복이다. 우리 자신도 주변 사람들에게 복이 되는 사람이 되어야 한다. 우리 곁에 있는 사람들을 인정해주는.

  결혼주례를 할 때, 때로 신부에게 신랑을 인정해 달라고 부탁한다.

  "신부님, 곁에 서 있는 신랑은 다 큰 사람이 아닙니다. 더 커야 합니다. 남자는 부모 밑에서 키는 다 커서 오지만 사람은 아내를 만나면서부터 본격적으로 큽니다. 남자들을 보면 아내를 만난 후에 크는 사람이 있고, 그대로인 사람이 있고, 오히려 더 작아지는 사람이 있습니다. 현숙한 아내는 남편을 키웁니다. 남편을 키우는 방법이 여러 가지입니다. 그중에 하나가 남편을 인정하는 것입니다."

잘하는 것을 인정해주라

처음에 "뛰어난 것을 인정해주라"고 했던 것을 개정판에서 "능력을 인정해주라"고 바꾸었다. 그 이유는 '능력'을 '뛰어난 것'으로 표현했더니 뛰어난 것을 다른 사람과 비교해 탁월한 그 어떤 것으로만 이해하고 "나에게는 뛰어난 것이 없는데, 우리 남편에게는 뛰어난 것이 없는데……"라고 생각하는 이들이 있었다. 사람에게 있는 다양한 능력을 인정하라는 의미가 제대로 전달되지 않는 것 같아 '뛰어난 것'을 '능력'으로 바꾸었다.

"능력을 인정해주라"는 것은 "잘하는 것을 인정해주라"는 말이다. 사람에게 잘하는 것이 있다. 그것이 능력이다. 그것이 탁월함이고 그것이 뛰어난 것이다. 잘하는 것은 내버려 두고 못하는 것만 지적하는 경우가 있다. 반대로 하라. 못하는 것은 용납하고 잘하는 것을 인정해주는 것이 더욱 효과적이다. 아내가 잘하는 일, 남편이 잘하는 일, 그것이 능력이다. 딸이 잘하는 일, 아들이 잘하는 일, 그것이 능력이다. 잘하는 일을 찾아 인정해주면 그는 점점 더 잘하게 된다.

하나님의 인정을 받아들이라

하나님은 그의 자녀들을 인정하신다. 하나님은 인정하기를 즐겨하시는 분이다. 하나님은 예수 그리스도를 믿는 우리를 의인이라 인정해주셨다. 성도(saints)라 인정해주셨다. 존귀하고 보배롭다고, 하나님의 자녀요 왕 같은 제사장이라고, 하나님의 상속자라고 인정해주셨다. 감당할 수 없는 은혜다. 우리는 우리 자신을 잘 안다. 하나님의 이런 인정 가운데 하나도 우리에게 합당한 것이 없음을 안다. 우리 안에 선한 것 하나 없음을 우리가 너무 잘 알기 때문이다. 그저 세리와 같이 고개를 들지 못하고 '죄인이로소이다' 하는 우리를 하나님은 의인이라고 인정하시고 성도라고 선포하셨다. 이것은 하나님의 일방적인 인정이다. 선先 인정이다.

그런데 놀라운 은혜가 임했다. 하나님이 인정해주신 그 쪽으로 우리의 몸이, 우리의 삶이 점점 나아가고 있다. 하나님이 인정해주신 그 인정에 합당한 삶을 살고 싶은 마음의 소원이 생겼다. 우리의 몸이 그 소원을 따라가고 있다. 해마다 점점 하나님이 인정해주시는 쪽으로 나아가고 있다.

하나님은 우리를 인정해주신다. 그것도 선先 인정을 해주신다. 우리가 일정 수준에 도달할 때 인정해주시는 것이 아니다.

먼저 인정해주신다. 여겨주심, 먼저 인정해주심, 이것은 우리를 향한 하나님의 사랑이다. 우울에서 벗어나고 싶으면 하나님의 인정, 하나님의 선先 인정을 받아들여야 한다.

믿음은 하나님의 말씀을 받아들이는 것이다. 겸손은 하나님의 말씀을 받아들이는 것이다. 내가 생각할 때 내가 그렇지 못해도 하나님이 의인이라고 말씀하시고, 존귀하고 보배롭다고 말씀하시면 그것을 받아들이는 것이 믿음이고 겸손이다. 우리가 하나님의 인정을 받아들이고 이것으로 우리 자신을 인정해 줄 필요가 있다. "너는 아름답다. 너는 사랑스럽다. 너는 하나님이 존귀로 관을 씌워주신 사람이다. 너는 쓸 만한 사람이다. 너는 할 일이 많은 사람이다."

내가 생각하는 나와 하나님이 말씀하시는 내가 다를 때 하나님이 말씀하시는 나를 나로 받아들이는 것이 믿음이고 겸손이다. 마찬가지다. 다른 사람이 나에 대해서 말하는 나와 하나님이 말씀하시는 내가 다를 때, 다른 사람이 말한 내가 아니라 하나님이 말씀하신 나를 받아들이는 것이 믿음이고 겸손이다. 사람들이 우리를 향해 형편없다고 하는데 하나님은 우리를 존귀하다고 하실 때가 있다. 이 때 누구의 평가를 받아들이느냐에 따라 우울할 수도 있고 기쁠 수도 있다. 만약 이 때 사람이 내게 대하여 한 말을 받아들이고 하나님이 내게 대하여 한 말씀을 저버린다면, 그때는 우리가 우울에 빠져 있을 때가 아니라 우리의 불신앙과 교만함을 회개해야 할 때다.

또한 우리는 하나님이 우리를 이렇게 인정하신 것처럼 다른 사람들을 인정해야 한다. 미루지 말고, 망설이지 말고, 일정 수준이 될 때까지 기다리지 말고, 인정해야 한다. 필요하면 선先 인정을 해야 한다. 인정하면 인정하는 대로 되어진다. 인정은 관계치료제다. 인정은 관계를 아름답게 회복시킨다.

인정받고 싶으면

> 그러므로 무엇이든지 남에게 대접을 받고자 하는 대로
> 너희도 남을 대접하라. 이것이 율법이요 선지자니라.
> 마태복음 7장 12절

이 말씀은 황금과 같은 법칙이라는 의미에서 황금률이란 별명을 갖고 있다. 어려서부터 이 말씀이 황금률이라고 들어왔지만 이것을 왜 황금률이라고 하는지, 이 말씀의 깊은 의미를

깨닫기 전까지는 잘 몰랐다. 이전의 나와 같은 이들을 위해 이 말씀을 조금 깊게 살펴보려고 한다.

이 말씀이 황금률로 잘 이해되지 않은 이유 중에 하나는 '대접'이란 단어의 뉘앙스 때문인지 모른다. 본문의 의미는 영어 성경의 표현(So in everything, do to others what you would have them do to you)처럼 "어떤 일이든지 다른 사람들이 네게 해주기 원하는 대로 너도 다른 사람에게 하라"는 것이다.

그런데 대접이란 단어를 들으면 먼저 떠오르는 것이 '식사 대접'과 같은 것이 아닐까 싶다. 대접에 대해 이런 느낌을 갖고 있는 사람에게는 "남에게 대접을 받고자 하는 대로 너희도 남을 대접하라"고 하면 "대접을 받으려면 대접을 먼저 하라"로 들릴 수 있다. 또한 이 말씀이 "다른 사람에게 대접받기 위해서는 먼저 대접해야 한다"는 것 같이 평범하게 들릴 수 있다. 마음 한편으로는 '대접을 받기 위해 대접하는 것은 그렇게 아름다운 일 같지는 않는데……' 하는 생각이 들 수 있다. 이렇게 되면 고개를 갸우뚱하고 '왜 사람들은 이 말씀을 황금률이라고 하지?' 할 수 있다.

열쇠는 '그러므로'

이 말씀을 풀 수 있는 키는 '그러므로'이다. 그런데도 이 말씀을 해석할 때 '그러므로'는 그렇게 주목받지 못한다. '그러므로'가 있다는 것은 이 구절이 앞에 있는 말씀과 관계가 있다는 의미다. 이 구절 앞에 있는 내용은 우리가 잘 아는 "구하는 이마다 받을 것이요 찾는 이는 찾아낼 것이요 두드리는 이에게는 열릴 것이니라"이다. 예수님께서 기도하면 그 결과가 어떻게 될 것인가를 제자들에게 가르쳐주시며 하신 말씀이다. 예수님께서 이 말씀을 하시고 "너희가 악한 자라도 좋은 것으로 자식에게 줄 줄 알거든 하물며 하늘에 계신 너희 아버지께서 구하는 자에게 좋은 것으로 주시지 않겠느냐"고 반문하셨다. 그리고 바로 이어 말씀하신 것이 '그러므로'로 시작되는 황금률이다.

이 둘을 연결하면 이렇게 된다.

"하늘에 계신 너희 아버지께서 구하는 자에게 좋은 것으로 주신다. 그러므로 무엇이든지 남에게 대접을 받고자 하는 대로 너희도 남을 대접하라."

다른 사람을 인정해주라

여기서 중요한 것은 '하나님께서 좋은 것으로 주신다'는 것이다. 이것은 우리가 왜 다른 사람이 내게 해주기를 원하는 것을 우리가 다른 사람에게 해야 하는지, 이렇게 하면 어떻게 되는지에 대한 답이다. 하나님께서 우리에게 "내가 너희에게 좋은 것으로 줄 테니 너희는 다른 사람에게 좋게 하라"고 말씀하시는 것이다. 다른 사람이 우리에게 해주기 원하는 것은 '좋은 것'이다. 다른 사람이 자신에게 안 좋게 하기를 바라는 사람은 없다.

우리가 다른 사람에게 해준 대로 하나님께서 우리에게 해주신다. 이것이 황금률의 핵심이다. 하나님의 약속이다. 예수님이 우리에게 하시는 말씀은 자신이 원하는 것을 다른 사람에게 해주라는 것이다. 자신이 다른 사람에게 받고 싶은 대로 다른 사람에게 하라, 자신이 받고 싶지 않은 것은 다른 사람에게 하지 말라는 것이다. 예수님은 그 예 중에 하나로 비판을 받고 싶지 않으면 비판하지 말라는 말씀을 하셨다. 비판을 하면 비판을 받을 것이라고 하셨다. 다른 사람에게 한 대로 그대로 될 것을 말씀하신 것이다.

인정을 대입해서 살펴보자. 우리는 다른 사람들이 우리를 인정해주기를 바란다. 우리가 다른 사람에게 바라는 그것을 우리가 다른 사람에게 해주는 것이다. 우리가 다른 사람을 인정해주면 하나님께서 우리를 인정받게 해주신다. 다른 사람을 잘되게 해주면 하나님께서 우리를 잘되게 해주신다. 다른 사람을 세워주면 하나님께서 우리를 세워주신다. 이것이 황금률이다.

행복하기 원하면 이 말씀을 믿고 곁에 있는 사람을 행복하게 해주면 된다. 만나는 사람마다 인정하주면 하나님께서 당신을 인정받게 해주실 것이다. 잘되기를 원하면 다른 사람을 잘되게 해주면 된다. 당신이 잘되기 원하는 대로 다른 사람을 잘되게 해주면 하나님께서 당신을 잘되게 해주실 것이다. 당신이 다른 사람에게 받고 싶은 대로 다른 사람에게 좋게 해주면 하나님께서 당신에게 좋게 해주실 것이다. 이것이 당신이 다른 사람을 인정했는데 당신이 인정받는, 다른 사람을 행복하게 했는데 당신이 행복해지는 이유다.

다른 사람에게 잘해주면 사이가 좋아진다. 사이가 좋으면 행복하다. 그 이유는 이것이 하나님의 명령에 순종하는 것이기 때문이다. 하나님의 말씀에 순종하면 하나님은 기뻐하신다. 하나님이 기뻐하시면 그 기뻐하는 자에게 즐거움을 주신다. 그것이 행복이다.

인정하면 인정받는다

하나님께서 우리에게 행복을 주시는 또 하나의 방법은 다른 사람이 행복해하는 것을 보고 행복해하는 것이다. 앞서 살펴본 대로 하나님이 우리에게 말씀하시는 대인관계의 기본은 다른 사람에게 잘해주라는 것이다. 잘해주면, 인정해주면 그 사람은 좋아한다. 행복해한다. 그것을 보면서 우리는 행복을 느낀다. 다른 사람이 행복해하는 것을 보면서 비로소 사람은 행복을 느낀다. 그래서 성경은 끊임없이 우리에게 사람들에게 잘해주라고 하는 것이다.

> 네 부모를 즐겁게 하며 너를 낳은 어미를 기쁘게 하라.
> 잠언 23장 25절

> 종들은 자기 상전들에게 범사에 순종하여 기쁘게 하고
> 거슬러 말하지 말며. 디도서 2장 9절

그런데도 안타깝게 자기 자신의 행복을 위해 사는 사람들이 있다. 행복하기 원하면 다른 사람을 행복하게 해야 하는데, 이 진리를 모르다보니 다른 사람을 행복하게 하는 대신 자기 자신을 행복하게 하기 위해 산다. 다른 사람을 인정하면 자신이 인정을 받는데 이것을 알지 못하다보니 다른 사람을 인정하는 대신 다른 사람을 비판하고 비난하면 자신이 상대적으로 인정받을 것으로 오해한다. 인정하면 인정받는다. 안타깝지만 세상에는 이 단순한 진리를 모르고 사는 사람들이 너무 많다. 다른 사람을 행복하게 해주어야 자신이 행복한데, 다른 사람을 인정해주어야 자신이 인정받는데 이것을 모르다보니 다른 사람을 불행하게 하면서 자신의 행복을 추구한다. 다른 사람을 인정하지 않으면서 자신은 인정받기를 바란다. 결과는 행복하지도, 인정받지도 못한다. 그래서 이런 사람들이 더욱 화가 나는지 모른다.

이웃을 기쁘게

이 진리를 깨달은 사람이 바울이다. 성경에 나오는 바울이 로마교회에 편지를 써 보내면서 이렇게 말했다.

믿음이 강한 우리는 마땅히 믿음이 약한 자의 약점을 담당하고
자기를 기쁘게 하지 아니할 것이라.
우리 각 사람이 이웃을 기쁘게 하되 선을 이루고
덕을 세우도록 할지니라.
그리스도께서도 자기를 기쁘게 하지 아니하셨나니.

로마서 15장 1-2절

여기 보면 "우리 각 사람이 이웃을 기쁘게 하되"라는 말씀이 있다. 그렇게 해야 할 근거로 예수님을 들었다. 예수 그리스도께서는 자기를 기쁘게 하지 않으셨다. 우리도 자기를 기쁘게 하는 것이 아니라 우리 각 사람이 이웃을 기쁘게 해야 한다. 바울은 우리에게만 이렇게 요구하는 것이 아니다. 스스로 그는 그렇게 살았다. 바울이 고린도교회에 써 보낸 편지를 보면 이것을 확실히 알 수 있다.

유대인에게나 헬라인에게나 하나님의 교회에나 거치는 자가
되지 말고 나와 같이 모든 일에 모든 사람을 기쁘게 하여
자신의 유익을 구하지 아니하고 많은 사람의 유익을 구하여
그들로 구원을 받게 하라. 고린도전서 10장 32-33절

바울은 모든 일에 모든 사람을 기쁘게 하며 살았다. 그러면서 너희도 나와 같이 살라고 한다. 진리를 모르는 사람은 억울하게 생각할지 모른다. 그럼 나는 뭐냐고 반문할지 모른다. 몰라서 하는 소리다. 모든 일에 모든 사람을 기쁘게 하면 모든 일에 내가 기쁜 것이다.

우리는 이것을 인정에도 적용할 수 있다. 다른 사람을 기쁘게 하는 일 중에 하나가 다른 사람을 인정하는 것이다. 다른 사람을 인정해주면 그 사람이 기뻐한다. 그것을 바라보며 나는 기뻐한다.

이 진리를 안 사람들은 그래서 그렇게 함께하고 있는 사람들, 곁에 있는 사람들을 행복하게 하려고 하는 것이다. CEO면 비서, 남편이면 아내, 부모면 자녀, 장군이면 참모, 의사면 간호사, 교장이면 교사, 교사면 학생, 목사면 장로, 담임목사면 부교역자를 기쁘게 해야 한다. 인정해야 한다. 행복하게 해야 한다. 그래야 자신이 인정받고, 행복하다.

누가 나를 인정해줄까

여기서 한 가지 기억할 것이 있다. 우리가 다른 사람을 행복하게 할 때 그 사람이 나를 행복하게 하는 것 같이 느껴질 수 있다. 하지만 이것 역시 그 사람이 나를 행복하게 하는 것이 아니라 그렇게 할 때 하나님이 나를 행복하게 하시는 것이다. 우리가 다른 사람을 인정하게 될 때 그 사람이 나를 인정할 것이라고 생각하지 말라. 이것을 모르면 다른 사람을 인정한 후에 이제는 상대가 나를 인정할 차례라고 생각하고 인정받기를 기다릴 수 있다. 기다려본 사람은 알겠지만 그가 나를 인정하지 않을 때가 있다. 오히려 나는 그를 인정하고, 행복하게 하고, 도와주고, 기쁘게 했는데 그는 나를 인정하지 않고 오히려 무시하고 힘들게 하고 어렵게 할 수 있다. 이렇게 되면 그를 향한 인정을 거둬들이기 쉽다.

우리가 행복하게 한 그 사람이 나를 행복하게 해주는 것이 아니라 하나님이 그런 나를 행복하게 하신다. 만약 우리가 이것을 놓치면 선을 행하다 낙심할 수 있다. 이것이 우리가 다른 사람을 인정하고, 행복하게 해줄 때 그 사람이 아닌 하나님을 바라봐야 하는 이유다.

능력에 믿음으로 반응하라

능력에 대해서도 좋은 것과 마찬가지로 부정적으로 반응할 수도 있고, 믿음으로 반응할 수도 있다. 우리는 능력은 하나님이 주신 것임을 기억하며, 다른 사람의 능력을 부인하거나, 시기하거나 탐하지 말아야 한다. 능력 있는 사람과 경쟁하지 말고 그의 능력을 인정하며 그와 동역하여 하나님이 맡기신 세상을 더욱 아름답게 만들어야 한다. 하나님의 뜻이 하늘에서 이루어진 것 같이 이 땅에서도 이루어지게 해야 한다.

능력은 인정해주라

- 함께 읽을 말씀 : 창세기 1장 27-28절
- 마음에 새길 말씀 : 요한복음 14장 21절

1. 우리 안에는 하나님이 주신 능력이 있다. 죄로 말미암아 타락하여 많은 능력을 상실했지만 예수 그리스도로 말미암아 회복되었다. 당신에게 능력이 있는 근거는 무엇인가?(창 1:27, 요 14:12, 관계행복〈이하 본문〉 pp.143-145 참고)

2. 당신에게는 능력이 많다. 당신은 이것을 인정하는가? 혹 당신이 그렇게 느끼지 못한다면 그것은 당신에게 능력이 없기 때문이 아니라 당신이 능력이라고 여기는 것을 너무 제한했기 때문일 수 있다. 이 과를 마친 후에 이 질문에 다시 한 번 대답해보라.

3. 하나님이 주신 능력의 용도는 사용일까, 아니면 보관일까? 달란트 비유를 통해 답을 찾아보라(마 25:14-30, 본문 p.146 참고).

4. 자신이 능력이 없다고 생각한다면 그렇게 생각하는 이유가 무엇인지 함께 나누라(본문 pp.147-148 참고).

5. 능력은 다양하다. 당신이 알고 있는 능력들을 적어보라. 당신에게 있는 능력이 아니라 당신이 능력이라고 생각하는 것들을 함께 나누라(본문 pp.147-148 참고).

6. 당신의 IQ가 당신에게 미친 영향은 무엇인가? 당신의 IQ의 높고 낮음을 묻는 것이 아니라 당신이 당신의 IQ를 알게 됨으로 그것이 당신에게 미친 영향을 묻는 것이다. 서로의 IQ는 공개하지 말고 나눌 수 있는 범위 안에서 함께 나누라(본문 pp.147-148 참고).

7. 전능한 사람이 없듯이 무능한 사람도 없다. 다만 발견하지 못했을 뿐이다. 이 말에 동의하는가? 그렇다면 지금이라도 당신 안에 아직 발견하지 못한 능력, 개발하지 못한 능력을 찾는 작업을 시작해야 한다(본문 pp.147-148 참고).

8. 모략을 길어 올리는 두레박이 있다. 이 두레박으로 능력도 길어 올릴 수 있지 않을까? 당신이 성인이 되어서야 알게 된 당신의 능력을 함께 나누라. 그것이 자신의 능력이라는 것을 알았지만 이미 그때는 은퇴한 뒤였다는 안타까운 고백이 우리의 경우가 되지 않도록 해야 한다(본문 pp.153-157 참고).

9. 모략을 길어 올리는 두레박은 무엇일까?(본문 pp.153-157 참고)

10. 사람은 밥 외에도 먹어야 하는 것들이 있다. 그중에 하나는 무엇인가?(본문 pp.157-159 참고)

11. 능력은 당신이 잘하는 것이다. 당신이 잘하는 것은 무엇인가?(본문 p.158 참고)

12. 인정으로 당신이 상대의 능력을 길어 올려준 경우가 있다면 그것을 함께 나누라.

13. 하나님은 당신을 어떻게 인정하시는가?(본문 pp.159-161 참고)

14. 인정과 관련해서 믿음과 겸손이 무엇인가? 이런 관점에서 당신은 믿음의 사람, 겸손한 사람인가?(본문 pp.160-161 참고)

15. 능력에 믿음으로 반응해야 한다. 어떻게 하는 것이 능력에 믿음으로 반응하는 것인가?(본문 p.160 참고)

16. 이 과를 통해 깨달은 것을 함께 나누라.

FOR A RELATIONAL HAPPINESS

사람과의 관계를 아름답게
06_ 가족은 돌아보라

하나님이 세상을 창조하시고 가정을 만들어주셨다. 가정은 하나님의 작품이다.

> 이러므로 남자가 부모를 떠나 그의 아내와 합하여
> 둘이 한 몸을 이룰지로다. 창세기 2장 24절

가족, 이름만 들어도 마음이 따뜻하고 생각만 해도 좋다. 가족은 사람의 첫 관계이자 마지막까지 이어지는 특별한 관계다. 가족은 특별한 공동체. 하나님께서 처음 가족인 아담과 하와네를 창조하신 후로 지금까지 이어지고 있는 공동체다. 가족 해체를 예언하거나 주장한 사람들이 많았지만 그 예언은 늘 보기 좋게 빗나갔다. 하나님께서 가족이란 특별한 공동체를 통해 인류를 번성하게 하시려는 계획을 갖고 계시기 때문에 세상의 종말이 오기 전까지 가족공동체는 이어질 것이다.

하나님께서 사람이 힘을 충전받는 곳으로 이 땅에 세우신 공동체가 둘 있다. 하나는 가정이고, 하나는 교회다. 가정은 힘을 받는 곳이다. 가족은 힘을 빼는 사이가 아니라 힘을 주는 사이다. 가정에서 가족들을 통해 힘을 받아 세상에 나가 힘을 쓰고 살도록 하나님은 디자인하셨다. 집에 들어와서 가족들과 함께 밥을 먹고 잠을 잔 것밖에 없는 것 같은데도 회복이 되는 신기함이 가정에 있다. 같은 잠이라도 집에서 잔 잠과 밖에서 잔 잠이 다르다. 집에서 먹는 밥과 밖에서 먹는 밥이 다르다.

가족은 편하다. 화장하지 않아도 되고, 경쟁하지 않아도 되고, 무장하지 않아도 된다. 서로를 향한 그리움으로 가슴이 촉촉하다. 서로가 만들어준 아름다운 추억들로 인해 서로를 그리워한다. 가족은 봐도 또 보고 싶고, 줘도 또 주고 싶다. 서로의 버팀목이다. 가족은 연약한 것은 도와주고, 필요는 채워주고, 허물은 덮어주고, 좋은 것은 말해주고, 능력은 인정해주는 것을 학습하고 실천하는 사랑의 공동체다. 이것이 하나님이 만드신 가족의 원형이다.

가정설명서대로

그러나 안타깝게도 죄가 들어오면서 가족에 문제가 생겼다. 가정의 원형이 깨어졌다. 마땅히 사랑해야 할 가족에게 미워하고, 시기하고 다투는 일들이 생겼다. 심지어 형이 동생을 죽이는 안타까운 상황에 이르렀다. 가족이 원수가 되는 가슴 아픈 안타까운 일들이 생기기도 했다. 가족으로 인한 아름다운 추억 대신 가족에게 받은 상처 때문에 괴로워하는 이들이 생겼다. 우리 주변을 봐도 가족에게 상처를 받았다는 사람들이 왜 그리 많은지. 가족에 대한 서운함과 섭섭함이 분노와 적개심으로 번져 그 인생을 불사르고 있는 사람들도 있다. 가족관계를 애증관계라고 표현하는 사람도 있다. 가족을 생각하면 사랑이 아니라 증오가 올라오고, 가족을 생각하면 화가 나고 슬퍼진다는 사람들이 있다.

가정은 회복되어야 한다. 가족은 살아나야 한다. 우리가 예수 안에서 새롭게 된 것처럼 우리의 가정도 새롭게 되어야 한다. 우리의 가족도 거듭나야 한다. 처음 가정, 처음 가족으로 회복되어야 한다.

가정을 살리는 길, 가족이 새롭게 되는 길은 말씀대로 하는 것이다. 가정을 지으신 하나님의 지침대로 해야 한다. 결혼설명서대로 결혼하고, 가정설명서대로 살아야 한다.

하나님은 가족을 사랑하라고 하신다. 아내를 사랑하고, 남편을 사랑하고, 부모를 사랑하고, 자녀를 사랑하라고 하신다. 이 말씀대로 해야 한다. 그래야 가정이 살아난다.

양극단

가족과 관련된 두 개의 극단이 있다. 오로지 자기 가족만 아는 사람이 있고, 반대로 자기 가족을 돌아보지 않는 사람이 있다.

자기 가족만 아는 사람은 이웃은 물론이고 심지어는 형제나 일가친척도 안중에 없다. 동생이나 형이 어렵게 사는 것은 관심도 없고 상관하지도 않는다. 오직 자기 아내와 자식들만 알고, 그들만을 위해 산다. 심지어는 부모도 돌아보지 않고 오직 최소단위인 가족, 자기들 내외와 자녀들만 사랑하며 산다. 가족을 사랑해야 한다. 그러나 가족만 사랑해서는 안 된다. 우리에게는 가족 외에도 사랑해야 할 형제와 자매가 있고, 친구와 친척이 있고, 이웃이 있고 원수가 있다. 사랑이 가족으로 한정되어서는 안 된다.

가족은 하나님이 주신 선물이다. 아내와 남편, 자녀와 부모. 모두가 하나님이 주신 선물이다. 복이다. 선물은 선물로 받아야 하고, 복은 복으로 받아야 한다. 하나님이 주신 선물, 하나님이 주신 복을 우상으로 만들어서는 안 된다. 자녀가 귀하지만 그 자녀의 자리는 언제나 하나님의 선물, 주의 교양으로 양육하는 자리가 되어야 한다. 우리 인생의 중심과 삶의 목적은 언제나 하나님이 되어야 한다. 하나님을 위하여, 주님을 위하여 사는 삶이 되어야 한다. 가족이 하나님의 자리를 대신 차지해서는 안 된다. 예수님께서 "아버지나 어머니를 나보다 더 사랑하는 자는 내게 합당하지 아니하고 아들이나 딸을 나보다 더 사랑하는 자도 내게 합당하지 아니하며 또 자기 십자가를 지고 나를 따르지 않는 자도 내게 합당하지 아니하니라"는 말씀의 의미가 바로 이것이다.

또 하나의 극단은 가족을 돌아보지 않는 것이다. 가족이나 남이나 똑같이 대하는 것이다. 가족 대하듯이 남을 대하는 것이 아니라 남 대하듯이 가족을 대하는 것이다. 다른 사람 일은 돌아보면서 정작 자기 가족 일은 돌아보지 않는 것이다. 가족을 부양해야 할 가장이 그 일은 하지 않고 나가서 여기저기 봉사만 하러 다니는 것이다. 이것들은 하나님께 칭찬보다 책망받을 일이다.

하나님께서는 "누구든지 자기 친족 특히 자기 가족을 돌보지 아니하면 믿음을 배반한 자요 불신자보다 더 악한 자"라고 하셨다. 얼마나 단호한 말씀인지 모른다. 예수를 믿는다고 하면서 가족을 돌아보지 않는 사람들에 대해 하나님이 성경을 통해 단호하게 책망하신 것이다. 믿음은 가족을 사랑하는 것으로 증명되어야 한다. 그런데 가족을 돌아보지 않는 사람들 중에는 그 근거를 성경에서 찾는 사람도 있다.

> 예수께서 이르시되 내가 진실로 너희에게 이르노니
> 나와 복음을 위하여 집이나 형제나 자매나 어머니나 아버지나
> 자식이나 전토를 버린 자는 현세에 있어 집과
> 형제와 자매와 어머니와 자식과 전토를 백 배나 받되

박해를 겸하여 받고 내세에 영생을 받지 못할 자가 없느니라.

마가복음 10장 29-30절

내가 세상에 화평을 주러 온 줄로 생각하지 말라 화평이 아니요
검을 주러 왔노라. 내가 온 것은 사람이 그 아버지와,
딸이 어머니와, 며느리가 시어머니와 불화하게 하려 함이니
사람의 원수가 자기 집안 식구리라.
아버지나 어머니를 나보다 더 사랑하는 자는
내게 합당하지 아니하고 아들이나 딸을 나보다
더 사랑하는 자도 내게 합당하지 아니하며
또 자기 십자가를 지고 나를 따르지 않는 자도
내게 합당하지 아니하니라.
자기 목숨을 얻는 자는 잃을 것이요
나를 위하여 자기 목숨을 잃는 자는 얻으리라.

마태복음 10장 34-39절

이런 말씀을 근거로 내놓으면서 자기는 복음을 위하여 가족을 돌아보지 않는 자라고 주장한다. 가족과 불화하게 지내면서 이것이 예수님이 이 세상에 오신 목적이라고 주장한다.

이 말씀들은 그런 의미가 아니다. 가족을 우상으로 만들지 말라는 의미이지 가족을 돌아보지 말라는 것이 아니다. 예수님이 삶의 1순위가 되어야 한다는 것을 강조하신 말씀이다. 그 어떤 것보다, 심지어 그것이 목숨이라 할지라도 그것을 예수님보다 우선에 두어서는 안 된다는 것을 강조한 말씀이다. 예수와 목숨 둘 중에 하나를 택해야 할 순간에 예수를 택하는 것이 순교. 이 말씀은 그리스도인의 삶의 자세가 바로 이런 순교자적인 삶이어야 한다는 것을 강조한 것이다. 그런데 이 말씀을 가족을 돌아보지 않으면서, 가족과 불화하면서 그것을 정당화하는 근거로 삼아서는 안 된다.

끝까지 함께 갈 사람

가족은 돌아보아야 한다. 가족을 사랑해야 한다. 가족을 예수님보다 더 사랑하는 것이 문제지, 가족을 하나님의 말씀에 순종해 사랑하는 것은 하나님께 상 받을 일이다. 가족은 조금 특별하게 사랑해도 된다. 자녀와 이웃집 아이를 똑같이 해주지 못한 것으로 힘들어하지 않아도 된다. 어떤 사람은 이웃집 애를 자기 자녀처럼 해주지 못했다고 죄책감을 갖는다. 지나치게 의인이 되려고 하지 말아야 한다. 다른 집 애를 내 자녀처럼 사랑할 수 없다고 자녀를 다른 집 아이처럼 대해서는 안 된다. 하나님이 그 자녀에게 특별한 사랑을 부어주시듯이 자기 자녀에게, 자기 가족에게 특별한 사랑을 부어주는 것을 누가 뭐라고 하지 않는다.

어쩌면 우리와 가장 많은 시간을 함께하는 사람들이 가족이다. 끝까지 함께 갈 사람도 가족이다. 우리가 힘들고 어려운 일을 당할 때 마지막까지 우리 곁을 지켜줄 사람도 가족이다. 아파서 병원에 입원하면 우리 곁을 지켜줄 사람은 가족이다. 다른 사람들이 다 떠난 뒤에도 가족은 남는다.

가족이 편하다는 이유로 소홀히 하고 함부로 대해서는 안 된다. 가족은 소중한 사람이다. 소중한 사람은 소중하게 대해야 한다. 중요한 사람은 중요하게 대해야 한다. 가족에게 친절해야 한다. 다른 사람 전화는 친절하게 받으면서 가족 전화는 용건만 말하고 빨리 끊으라고 하면 안 된다. 가족을 행복하게 해주어야 한다. 가족이 행복해야 그 가족들의 행복을 바라보는 당신도 행복해진다.

이스라엘로 성경지리 연수를 갔을 때, 베두인들이 치던 양이 들에서 새끼를 낳는 것을 보았다. 놀라운 사실은 막 태어난

양이 얼마 지나지 않아 걷는 것이다. 이론적으로 알고 있었던 일이지만 막상 눈으로 보니 신기했다. 양이나 염소와 달리 사람은 태어나서 부모의 돌봄을 받아야 산다.

부모의 돌봄이 없이는 생존이 불가능한 존재가 사람이다. 하나님이 왜 사람은 이렇게 지으셨을까. 관계 속에서 살아야 하는 사람들이 관계를 맺고 관계를 배우는 장으로 가정을 디자인 하신 하나님의 뜻이 이 가운데 들어 있다.

부모의 돌봄을 받으며 자란 한 남자와 여자가 만나 결혼을 한다. 그러면 한 가정이 새로 생긴다. 가정의 최소단위는 남편과 아내다. 이들이 결혼해서 살면서 자녀를 낳는다. 이 자녀들이 결혼을 하면 또 새로운 가정이 생긴다. 결혼을 해서 사는 동안, 자녀를 양육해서 결혼시키기 까지, 그리고 그 후까지 가족관계는 계속 이어진다. 부부관계, 부모와 자녀관계는 어쩌면 가장 가까이에서 가장 많은 시간을 함께하는 관계가 아닐까 싶다.

결혼설명서가 없다면 가족과의 관계를 깊이 다루어야 한다. 가족과의 관계가 우리 삶에서 차지하는 비중이 크기 때문이다. 가족관계는 곧 다른 사람과의 관계의 기초가 된다. 가족에게 하듯이 다른 사람에게도 하기 때문이다. 하지만 이미 출판

된 필자의 **결혼설명서**가 있기 때문에 중복을 피하기 위해 여기서는 가족관계의 기본만 언급하고 지나간다.

성경을 보면 가정의 기본 구성원인 남편과 아내가 어떤 관계를 맺어야 할지, 그리고 부모와 자녀가 어떤 관계를 맺어야 할지가 소상하게 기록하고 있다.

"아내는 남편에게 순종하라. 남편은 아내를 괴롭게 하지 말고 귀히 여기라. 부모는 자녀를 노엽게 하지 말고 주의 교양과 훈계로 양육하라. 자녀는 부모에게 순종하고 부모를 공경하라."

여자나라 말을 배우라

남편들에게 아내와의 행복한 관계를 위한 팁을 하나 제공한다.

하나님은 남편들에게 "지식을 따라 너희 아내와 동거하라"고 말씀하셨다. '지식을 따라'를 '말씀을 따라'로 해석할 수 있다. 또한 아내에 대한 공부를 해서 아내를 알고 그 아내와 함께 살라는 말로도 적용할 수 있다.

남편들이 아내를 사랑하기는 하는데 그것이 아내에게는 사랑으로 전해지지 않는 경우가 있다. 남자는 그것이 사랑이라고 생각하는데 아내에게는 그렇게 느껴지지 않는 경우가 있다. 남자가 아내를 사랑하기 위해서는 아내에 대한 지식이 필요하다. 더 정확히 이야기하면 여자에 대한 지식이 있어야 한다. 하나님께서 사람인 우리에 대해 아셨던 것처럼 말이다.

하나님은 우리의 체질을 아시며 우리가 진토임을 기억하신다. 사람을 아시는 하나님은 우리를 사람으로 대해주셨다. 우리를 이해해주시고 우리의 마음을 헤아려주셨다. 엘리야가 토라졌을 때, 그래서 로뎀나무 아래서 하나님을 향해 죽기를 원하여 "여호와여 넉넉하오니 지금 내 생명을 거두시옵소서. 나는 내 조상들보다 낫지 못하니이다" 할 때도 하나님은 그냥 그 말을 다 들어주셨다. 아무 말도 하지 않고 다 들어주셨다. 야단치는 대신 숯불에 구운 떡과 물 한 병을 천사를 통해 보내주시고 어루만져주셨다.

예수님도 마음에는 원이로되 육신이 약한 우리를 아신다. 자기 오빠가 병들었을 때 그 소식을 듣고 바로 오지 않았다고 토라진 마르다와 마리아를 예수님은 찾아가셨다. 토라져서 예수님이 오셨다는 소식을 듣고도 집에 앉아 있는 마리아가 올 때까지 마을 어귀에서 기다려주신 분이 예수님이시다. 예수님은 사람의 마음을 이해하고 풀어주셨다.

아내들이 토라질 때가 있다. 힘들고 어려워서 이런저런 투정을 남편 앞에서 할 때가 있다. 이럴 때는 예수님이 하신 것처럼 하면 된다. 그냥 들어주면 된다. 얼마나 힘드냐고, 많이 힘들겠다고 따뜻하게 한마디 해주면 된다. 연년생 사춘기 자녀 둘을 두고 있는 아내가 때로 힘에 부쳐 저녁에 퇴근해 돌아온 남편 앞에서 애들 이야기를 할 수 있다. 짜증이 섞였을 수도 있고, 애들에 대해 섭섭한 마음이 섞였을 수도 있다. 이럴 때는 어떻게 엄마가 돼서 그런 얘길 할 수 있느냐고 맞는 말을 하지 말아야 한다. 그렇게 힘드냐고, 내가 힘이 되어 주지 못해 미안하다고, 미력하지만 내가 힘이 되어주겠다고 해야 한다.

남자들은 이런 상황이 되면 답을, 문지의 해결책을 제시하려고 한다. 그러지 말라. 그저 들어주라. 아내들이 원하는 것은 답이 아니다. 해결책이 아니다. 경제적으로 아내가 힘들다는 이야기를 할 때 "돈은 다 어디다 쓰고 돈 타령이냐", "도대체 살림을 어떻게 하는 거야. 가계부 가져와봐" 이러면 안 된다. 그럼 아내는 "살림을 당신이 해봐요" 소리칠 것이다. 그러면 남편은 "내가 못할 것 같아? 그래, 내가 한다, 내가 해!" 맞받을 것이다. 그러면 이야기는 더 이상 진행되지 않는다. 그 다음부터는 싸움이다. 재정적인 어려움을 토로하는 아내에게 "그럼 나보고 나가서 도둑질을 해 오라는 거냐"고 소리를 질러서도 안 된다. 아이 학원도 끊고 외식도 줄이고, 옷도 있는 옷 입고 살면 될 것 아니냐고 정답을 제시하는 것도 지혜가 아니다. 아내가 답을 몰라서 그러는 것이 아니다. 남편에게 알아달라고 하는 소리다. 그냥 들어달라는 것이다. 내 마음 좀 알아달라는 것이다. 얼마나 힘드냐는 말 한마디 듣고 싶어서 한 말이다.

여자들은 이럴 때 남편이 답을 제시하거나 해결책을 제시하거나 맞는 말을 하면 화가 난다. 명절에 시댁을 다녀온 후 힘들어 하소연하는 아내에게 "그럼 다음부터는 명절에 안 가면 되잖아. 안 가면 될 걸 왜 갔다 와서 이렇게 힘들게 해. 그런 마음이라면 가지 마. 우리 엄마도 그런 거 원치 않아. 명절에 시댁 한 번 가는 게 무슨 유세라고……" 이러면 안 된다. 그냥 들어주면 된다. 알아주면 된다. 아내는 어떻게 해야 하는지 답을 이미 알고 있다. 다만 그렇게 할 수 있는 힘이 없어서, 그

힘을 남편에게 받고 싶은 것이다.

남자나라 말을 배우라

남자나라 말과 여자나라 말이 다르다. 아내가 남자나라 말을 배워 남자나라 말로 해주면 남편은 알아듣기가 쉬울 것 같다. 아니면 남편이 여자나라 말을 배우면 아내 말이 들릴 것이다. 남편에게 "여보, 나 지금 많이 힘들거든. 얼마나 힘드냐고 한마디 해주고, 내 손 좀 잡아줘"라고 남자나라 말로 해주면 남편들은 다 알아 듣고 손을 잡아줄 것이다. 손만 잡아주겠는가. 그러나 그것을 여자나라 말로 하면 남편들은 못 알아듣는다. 나 좀 알아달라는 말을 남편이 알아듣지 못하는 여자나라 말로 하니 남편은 그것을 대책을 세워달라는 말로, 답을 가르쳐달라는 소리로, 때로는 욕하는 소리로, 도전하는 소리로, 불평하는 소리로 듣는 것이다. 알아듣지 못한 여자나라 말을 자기 나름대로 해석한 결과다.

아내가 힘든 것을 꺼내기만 하면 이내 언성이 높아지는 이 안타까운 상황을 개선하기 위해 남편들은 부지런히 여자나라 말을 배워야 한다. 영어와 중국어보다 어쩌면 남편에게는 여자나라 말을 배우는 것이 더 시급한 일인지 모른다. 왜 어학원에서는 영어와 일어, 중국어만 가르칠까. 어디 남자나라 말을 가르쳐주고 여자나라 말을 가르쳐주는 학원은 없을까. 학원 중에는 없는 것 같다. 성령의 은사 중에 방언 통역의 은사가 있다. 물론 이것은 은사적인 의미의 그 방언과 그 방언의 통역을 일컫는 것이다. 혹 이 은사를 받으면 남자나라 말도 통역이 되고, 여자나라 말도 통역이 되지 않을까 하는 소망을 가져본다. 남자나라 말이 여자나라 말처럼 들리고, 여자나라 말이 남자나라 말처럼 들리는 은사를 받을 수 있으면 남편과 아내 모두 다 받았으면 좋겠다.

만국 공통어

세계 어디를 가도 통하는 말이 있다. '땡큐'와 '쏘리'가 그중에 하나일 것이다. 아내가 힘들어할 때 대부분 통하는 여자나라 말이 있다. "힘들겠다, 얼마나 힘들었어, 당신 그 수고 내가 알아, 당신 마음 내가 알아." 여자나라 말이 이해가 안 된다면 남편들은 암기라도 해야 한다.

남편들이 여자나라 말을 배워야 한다. 안타까운 것은 정작 배워야 할 남편들은 안 배우고 이 말을 '제비'들이 배웠다.

'제비'에게 물려간 여자들이 '제비'에게 들은 공통적인 말이 있다고 한다. "얼마나 힘드셨어요." 이 한마디에 그만 다 넘어 갔다고 한다. 평생 남편에게 듣지 못했던 여자나라 말을 외간 남자에게 듣는 순간 마음이 다 허물어진 것이다. '제비'에게 물려간 여인들의 남편들과 '제비'의 차이는 여자나라 말을 아느냐 모르느냐의 차이였던 것이다.

가족은 돌아보라

- 함께 읽을 말씀 : 에베소서 5장 22절-6장 4절
- 마음에 새길 말씀 : 디모데전서 5장 8절

1. 가족은 하나님이 만들어 주신 특별한 공동체다. 왜 그런가? 당신에게 가족은 무엇이며, 어떤 의미인가?(관계행복〈이하 본문〉 pp.181-183 참고)

2. 가족이 사는 가정은 충전소다. 그 의미는 무엇인가?(본문 p.182 참고)

3. 타락하기 이전의 가족의 원형은 어떠했을까?(본문 pp.181-183 참고)

4. 죄가 들어오면서 가족들 사이에 문제가 생겼다. 형이 동생을 죽이는 일이 생겼다. 가정은 회복이 필요하다. 가정회복의 길은 무엇인가?(본문 pp.183 -184 참고)

5. 가족과 관련된 양극단이 있다. 그것은 무엇인가?(본문 pp.184 -186 참고)

6. 가족만 아는 극단적인 사람들의 문제는 무엇인가?(본문 pp.184-185 참고)

7. 가족을 돌아보지 않는 극단적인 사람들의 문제는 무엇인가? 이런 극단은 말씀을 오해한 것도 한 원인이다. 이들이 오해한 말씀은 무엇인가?(막 10:29, 마 10:34, 마 10:39, 본문 pp.186-188 참고)

8. 하나님은 가족을 돌아보지 않는 자들에 대해 뭐라고 말씀하시는가?(딤전 5:8, 본문 pp.186-187 참고)

9. 범사에 균형을 유지해야 한다. 적당해야 한다. 이것은 가족에 대해서도 마찬가지다. 가족에 대해 당신은 균형을 유지하고 있는가? 나는 가족만 아는 사람인가? 나는 가족을 돌아보지 않는 사람인가? 한번 점검해 볼 필요가 있다(본문 pp.184-188 참고).

10. 친구가 부모보다 낫다는 사람들이 있다. 물론 그런 친구가 있을 수 있다. 그러나 병이 나서 병원에 입원해보라. 친구는 한두 번 문병 와서 위로하고 갈 수는 있지만 병실을 계속 지키지는 못한다. 그때는 표현이 서툴고 때로 욱하는 성질을 그대로 표현하는 '날 사랑하지 않는 것 같은 부모'가 밤잠을 설치며 병실을 지킨다. 물론 병원비도 부모가 낸다.

11. 가족에게는 왜 다른 사람에게 하듯 배려하지 않을까? 이런 것 때문에 힘들어하는 사람들이 있다. 가족은 그래도 되는가?(본문 pp.186-187 참고) 한번 깊이 생각해볼 필요가 있다.

12. 가족을 돌아보는 가장의 노고를 가족들은 기억하고 인정하고 감사해야 한다. 가장이 가정을 돌아보는 일은 당연한 일이지만 그 당연한 일도 가족들의 지지와 격려가 있어야 감당할 수 있다. 성실히 가정을 돌아보고 있는 가장들을 위해 우리가 할 수 있는 일은 무엇일까?

13. 또한 집에서 살림하는 아내, 어머니를 위해서도 마찬가지로 인정하고 격려해야 한다. 그래야 끝없이 반복되는 가정 일을 지치지 않고 할 수 있다. 자녀들 역시 지지와 격려가 필요하기는 마찬가지다. 가족 구성원 모두에게 우리가 할 수 있는 큰일은 서로를 인정하고 돕고 격려하는 것이다. 그 일을 위해 오늘 할 수 있는 일을 한 가지 시행해보라.

14. 여자나라 말을 배우라는 말의 의미는 무엇인가?(벧전 3:7, 본문 pp.191-194 참고)

15. 남자나라 말을 배우라는 말의 의미는 무엇인가?(본문 pp.195-196 참고)

16. 만국공통어가 있다. 그것은 무엇인가?(본문 p.196 참고)

17. 이 과를 통해 받은 은혜를 함께 나누라.

FOR A RELATIONAL HAPPINESS

사람과의 관계를 아름답게
07_ 이웃은 더불어 살라

이웃은 나와 가족을 제외한 그 외의 사람들이다. 이웃 가운데는 만났던 이웃도 있고, 만나고 있는 이웃도 있고, 만날 이웃도 있다. 우리는 이들과도 관계를 맺어야 한다. 왜냐하면 하나님께서 이들과 함께 살도록 우리의 삶을 디자인하셨기 때문이다. 이들 역시 사람이기 때문에 우리 이웃의 연약함은 도와주고, 필요는 채워주고, 허물은 덮어주고, 좋은 것은 말해주고, 능력은 인정해주어야 한다.

우리 이웃 가운데는 웃는 이웃이 있고 울고 있는 이웃이 있다. 부자 이웃이 있고 가난한 이웃이 있다. 건강한 이웃이 있고 병든 이웃이 있다. 배부른 이웃이 있고 배고픈 이웃이 있다. 고난을 당하고 있는 이웃이 있고 고난을 통과한 이웃이 있다. 가족이 다 살아 있는 이웃이 있고 가족 중에 한 사람이 먼저 세상을 떠난 이웃이 있다.

하나님은 우리에게 이런 다양한 이웃들과 함께 살라고 말씀하신다.

> 네 손이 선을 베풀 힘이 있거든
> 마땅히 받을 자에게 베풀기를 아끼지 말며 네게 있거든
> 이웃에게 이르기를 갔다가 다시 오라 내일 주겠노라 하지 말며
> 네 이웃이 네 곁에서 평안히 살거든 그를 해하려고 꾀하지 말며
> 사람이 네게 악을 행하지 아니하였거든 까닭 없이
> 더불어 다투지 말며 포학한 자를 부러워하지 말며
> 그의 어떤 행위도 따르지 말라. 잠언 3장 27-31절

우리 이웃 중에는 부자가 있고 가난한 자가 있다. 성경은 부자라고 저주하지 말고 가난한 자라고 학대하지 말라고 가르친

다. 재판을 할 때 부자라고 편들지 말고, 가난한 자라 해서 편벽되어 두둔하지 말라고 가르친다. 부자 이웃은 미워하고 가난한 이웃은 사랑하라는 것이 아니다. 다 사랑하라는 것이다. 하나님은 우리가 부자 이웃과 가난한 이웃 중에 누구의 이웃이 될 것인지를 택하라고 요구하지 않으신다. 우리는 모든 이들의 이웃이 되어야 하고, 모든 이들은 우리의 이웃이 되어야 한다. 부자를 저주하며, 유식한 자를 시기하며, 높은 지위에 오른 사람을 의도적으로 멸시하는 일은 없어야 한다. 반대로 가난한 자를 멸시하며, 무식한 자를 조롱하며, 지위가 낮은 사람을 경멸하는 일 역시 없어야 한다. 우리는 부자와 가난한 자, 유식한 자와 무식한 자, 지위가 높거나 낮은 사람 모두와 함께 살아야 한다. 이웃과의 관계에 이것은 기본 전제가 되어야 한다.

힘들고 어려운 이웃에 대한 언급이 성경에 많이 나온다. 그들에게 상대적으로 해줘야 할 일들이 많기 때문이다. 같은 이유로 우리 역시 많은 것들을 힘들고 어려운 이웃들과의 관계에 할애한다. 이제 우리는 이웃들과 어떻게 관계를 맺어야 하는지, 그들을 어떻게 사랑해야 하는지, 그들과 어떻게 함께 살 것인가를 살펴보려고 한다.

웃는 이웃과 함께 웃으라

살다보면 즐거울 때가 있다. 항상 즐겁지만 유난히 즐거울 때가 있다. 늘 웃고 살지만 유난히 크게 웃을 때가 있다. 성경은 즐거운 날에는 즐거워하라고 한다. 형통한 날에는 기뻐하라고 한다. 즐거운데도 즐거워하지 못할 수 있다. 즐거운데도 다른 사람이 마음 상할까 봐 즐거워하지 못하는 경우가 있다. 본인 스스로 다른 사람을 배려해서 즐거움을 절제하는 경우도 있고, 분위기가 즐거움을 표현할 수 없는 경우도 있다.

다른 사람을 배려해서 스스로 즐거움을 절제하는 것이 필요한 때도 있다. 그러나 이것이 지나치면 안 된다. 다른 사람들을 배려해야 한다는 이유로 즐거운 일이 있을 때마다 그 즐거움의 위치를 마음속으로만 제한해서는 안 된다. 그러면 언제 웃겠는가. 사진촬영을 위해 일부러 웃으려고 해도 어색해질 수밖에 없을 정도로 얼굴이 굳어버릴 수 있다. 우리 곁에 있는 사람들은 우리가 생각하는 것처럼 그렇게 다른 사람들의 즐거움으로 인해 어려워하거나 힘들어하지 않는다. 우리 주변에는 다른 사람의 즐거움에 함께 즐거워해줄 따뜻한 이웃들이 의외로 많다. 다른 사람을 배려하는 것은 좋지만, 그렇다고 즐거운 일이 있을 때마다 그렇지 못한 사람들을 위해 즐거워하지 않는다면 이것도 아니다. 우리가 즐거워할 때, 우리가 즐거워하는 일과 반대 상황에 놓인 사람들이 있을 수 있다. 우리가 합격한 날 불합격한 사람이 있다. 우리가 건강한 날 병든 사람이 있다. 우리가 아파트 청약에 당첨된 날 떨어진 사람이 있다. 모두 다 즐거워하는 그날까지 즐거움을 보류한다면 어쩌면 우리는 평생에 한 날도 즐거워하지 못할지 모른다.

만약 즐거워하지 못하는 이유가 스스로의 절제가 아니라 즐거워할 수 없는 분위기 때문이라면 그 분위기를 바꿔야 한다. 만약 내 곁에 있는 사람이 즐거운 일이 있어도 마음 놓고 즐거워하지 못한다면 나를 바꾸고 분위기를 바꿔야 한다. 즐거울 때는 즐거워해야 한다. 내 곁에 있는 사람이 즐거운 일이 있는데도 즐거워하지 못하는 일은 없도록 해야 한다. 즐거운 일이 있을 때 함께 그 즐거움을 나눌 수 있는 분위기를 만들고 여건을 만들 필요가 있다.

하나님께서는 우리에게 즐거워하는 자들과 함께 즐거워하라고 하셨다.

> 즐거워하는 자들과 함께 즐거워하고
> 우는 자들과 함께 울라. 로마서 12장 15절

이것은 바울이 로마교회 성도들에게 한 권면이자 큰 선물이다. 웃는 이와 함께 웃을 수만 있다면 그의 인생은 수지맞은 인생이다. 자신의 즐거움만 아니라 다른 사람의 즐거움도 자신의 즐거움으로 삼을 수 있으니 말이다.

어느 해인가 금란교회가 전도집회를 통해 많은 불신자들을 결신시켰다는 기쁜 소식을 듣고 너무 기쁘고 좋아서 그 교회에 축하화환을 하나 보냈다. 김홍도 목사님이 감동해서 전화를 했다. 우리 교회는 반드시 복을 받을 거라고 축복하기에 큰 소리로 아멘 했다. 그 주일에 김 목사님이 예배 시간마다 우리 교회가 화환 보낸 이야기를 했다고 한다. 무척 좋으셨나 보다. 그 얘길 들으니 나도 좋았다.

하나님께서 내게 주신 은혜 중 하나가 웃는 이와 함께 웃는 것이다. 웃는 이와 함께 웃지 못하고 살았던 날들이 있었기에 웃는 이와 함께 웃는 행복이 더욱 소중하다. 이 행복을 알고 만든 우리 교회 표어가 있다. 그것이 웃는 이와 함께 웃는 교회다.

즐거움을 누리며 사는 비결 중에 하나는 다른 사람의 기쁨과 즐거움을 내 기쁨과 즐거움으로 만드는 것이다. 웃는 이와 함께 웃는 것이다. 즐거워하는 자들과 더불어 즐거워하는 것이다.

좋은 일이 있을 때, 일이 잘될 때 사람들은 즐거워한다. 이것을 옆에서 보는 사람이 보일 수 있는 반응은 같이 즐거워하거나, 무관심하거나, 시기하는 것이다. 이 중에서 하나님은 우리에게 함께 즐거워하라고 하신다. 이것이 하나님의 명령이다. 사람의 본분이다.

어떻게 하면 즐거워하는 자들과 함께 즐거워할 수 있을까? 사랑하면 이것이 가능하다. 사랑하면 다른 사람의 기쁨이 내 기쁨이 된다. 다른 사람의 성공이 내 기쁨이 된다. 그러나 미워하면 다른 사람의 기쁨이 내 슬픔이 되고, 다른 사람의 성공이 내 상처가 된다.

우리는 시기를 하기도 하고 시기를 당하기도 한다. 사람이기 때문이다. 우리는 함께 우리 안에 이런 성향이 있음을 고백할 필요가 있다. 그렇다고 그것과 더불어 살라는 말은 아니다. 그것은 죽여야 한다. 바울은 "나는 날마다 죽노라" 했다. 그렇다. 날마다 우리 안에 있는 시기심은 죽여야 한다. 성경은 시기가 뼈를 썩게 한다고 했다. 썩어서는 안 된다. 내 뼈가, 내 자녀가, 내 인생이, 내 미래가, 내 삶의 터전이 썩어서는 안 된다. 시기하고 썩을 것인가, 함께 웃고 행복할 것인가. 다른 사람이 웃고 있는 앞에서 우린 둘 중 하나를 선택해야 한다.

우리가 누구를 사랑하는지 미워하는지는 그에게 일어난 기쁘고 즐거운 일에 대한 우리의 반응을 보면 알 수 있다. 예를 들어보자. 어떤 사람이 열심히 연구해서 그 결과가 세계적인 과학잡지에 실렸다고 하자. 얼마나 기쁜 일인가. 그 아내와 자녀, 제자들은 크게 기뻐할 것이다. 만약 누가 이 일로 그 사람만큼 기뻐하고 즐거워한다면 그는 분명 이 사람을 사랑하는 사람이다. 수고한 것도 없이 이런 기쁨을 거저 누리는 것은 사랑하는 자에게 하나님이 주시는 큰 선물이다. 이것은 사랑 없이는 불가능하다. 사랑하면 그의 기쁨이 나의 기쁨이 된다.

이 기쁨을 누리는 사람은 실은 횡재한 것이다. 생각해보라. 그 사람이 이 기쁨을 누리기 위해 얼마나 많은 수고와 노력을 했겠는가. 많은 시간을 들이고 물질도 들였을 것이다. 어쩌면 몸이 상했을지 모른다. 그 많은 수고와 노력 끝에 이런 기쁨을 누리는 것이다. 그런데 이 기쁨을 아무런 수고도 하지 않고, 돈도 들이지 않은 사람이 거저 누린다면 이것은 분명 횡재한 것이다.

그렇다고 그 사람이 당신은 내가 연구할 때 밥 한 번 사주지 않고, 책 한 권 사주지 않고 어떻게 나와 같은 기쁨을 누리느냐고, 돈 한 푼 들이지 않고 거저 그렇게 좋아하느냐고 시비하는가. 아니다. 같이 기뻐하면 그것이 고마워서 고맙다고, 같이 기뻐해줘서 감사하다고 밥을 사기도 한다.

성경에 보면 즐거워하는 남편과 함께 즐거워하지 못했던 여인이 등장한다. 그 이름이 미갈이다. 다윗의 아내다. 남편 다윗이 잃어버린 법궤를 다시 찾아오던 날이었다. 다윗은 너무 기뻐 백성들과 함께 춤을 추었다. 이것을 미갈이 창으로 내다보다가 다윗 왕의 춤추며 뛰노는 것을 보고 심중에 업신여겼다. 백성들을 축복하여 돌려보낸 다윗은 자기 집을 위하여 축복하러 갔다. 자기 가족에게 축복하러 들어온 다윗을 맞으며 미갈은 "이스라엘 왕이 오늘 어떻게 영화로우신지 방탕한 자가 염치 없이 자기의 몸을 드러내는 것처럼 오늘 그의 신복의 계집종의 눈앞에서 몸을 드러내셨도다" 하고 쏘아붙였다. 이 일로 미갈은 죽는 날까지 자식이 없이 지내야 했다.

나가서 남편과 함께 춤을 춰야 할 순간에 춤을 추는 것 대신

팔짱을 끼고 창가에서 내려다 본 결과가 이렇게 나타난 것이다. 안타까운 일이다.

사람과 관계가 좋아야 한다. 사람을 사랑해야 한다. 그래야 그가 즐거워할 때 나도 즐거워할 수 있다. 사람이 좋아야 그에게 일어난 즐거운 일이 나의 즐거움이 된다.

우는 이웃과 함께 울라

하나님은 즐거워하는 이들과 함께 즐거워하고 우는 이와 함께 울라고 하신다. 애통하는 자가 행복하다는 예수님의 말씀대로 울고 있는 이들과 함께 울면 행복하다. 울고 있는 그도 행복하고, 함께 우는 나도 행복하다. 이유는 우는 이는 위로를 받기 때문이다.

예수를 믿는 사람은 즐거워하는 이와도 함께할 일이 있고, 울고 있는 이와도 함께할 일이 있다.

우리 주변에는 울고 있는 이들이 많이 있다. 갑작스런 사고로 자식을 잃고 울부짖는 어머니도 있고, 직장에서 해고를 당해 가슴으로 눈물을 흘리는 가장도 있고, 중병이라는 진단을 받고 울고 있는 이도 있다. 우는 이유는 다르지만 많은 사람들이 울고 있다. 눈물을 흘리고 있다.

하나님은 이런 사람들의 눈물을 외면하지 말라고 하신다. 혼자 울게 하지 말라고 하신다. 울어야 할 때는, 울어야 할 일이 있을 때는 곁에서 누가 함께 울어만 줘도 위로가 되고 힘이 된다. 무슨 말로 위로를 해야 할지 모르겠다는 말을 할 때가 있다. 어떤 때는 말이 필요 없다. 그냥 손을 잡고 같이 울어주기만 해도 된다.

욥이 울고 있다. 욥은 갑작스런 재난을 당한 사람이다. 그야말로 하루아침에 모든 것을 잃었다. 재산을 잃고, 자녀들을 다 잃고, 건강을 잃었다. 재 가운데 앉아서 기와 조각을 가져다 긁고 있는 비참한 상태가 되었다. 욥은 성경에만 나오는 인물이 아니다. 오늘도 우리 주변에 욥이 있다.

욥에게 필요한 사람은 같이 울어줄 사람이다. 울고 있는 사람에게 필요한 사람은 함께 울어줄 사람이다. 욥에게 친구들이 있었다. 이 친구들이 욥을 찾아왔다. 그냥 욥과 함께 울어주면 좋으련만 그 친구들은 말을 너무 많이 했다.

재난이 나면 현장에 달려가 구호 활동을 하고 있다. 재난을 당한 현장에 가보면 늘 울고 있는 이들이 있다. 가족을 잃은 슬픔으로 인해 운다. 그러다가 배가 고파 울고, 목이 말라 울고, 추워서 운다. 두려워서 울고 살길이 막막해서 운다. 재난 현장을 찾아가 울고 있는 그들의 손을 잡고 함께 울며 그들의 눈물을 닦아준다. 재난 현장은 썰렁하면 안 된다. 그러면 재난을 당한 사람들이 너무 힘들다. 재난 현장에는 사람들이 몰려와야 한다. 와서 아무 일을 안 하더라도 사람들이 같이 있어주어야 한다. 혹 같이 울지는 않더라도 같이 있어주어야 한다. 사람들로 북적거려야 한다. 구조팀, 구호팀과 취재진으로 북적거려야 한다. 그래야 그 슬픔을 이기고 다시 일어난다.

2010년 아이티에 지진이 발생했다. 국제적십자사 발표에 따르면 이 지진으로 20만 명 이상이 사망했고, 30만 명 이상이 부상을 당했다. 그 현장은 사람이 사람으로 살다 죽을 때 갖출 수 있는 최소한의 품위조차 찾을 수가 없었다. 비참함, 참혹함이란 단어로 그 현장을 묘사하기엔 역부족이다. 그들은 울고 있었다. 다음은 현장에서 쓴 글이다.

아이티의 눈물을 닦아주고 싶다

아이티는 울고 있다. 두려워서 울고, 아파서 울고, 배가 고파 울고, 목이 말라 울고 있다. 울면 소리가 난다. 대성통곡하는 소리가 아이티 하늘을 울릴 것 같지만 아이티에서 통곡 소리는 들리지 않는다. 그런데도 사람들은 여전히 울고 있다. 눈물을 흘리고 있다.

'아이티에 규모 7.3의 지진으로 10만 명 사망'이란 뉴스를 접하고 2010년 1월 13일 저녁 3만 달러를 들고 우리 팀 4명은 뉴욕행 비행기를 탔다. 뉴욕에서 하룻밤을 자고 도미니카공화국에 도착해 구호품을 구입했다. 남서울은혜교회 홍정길 목사님으로부터 3만 달러를 보내겠다는 전화가 왔다. 구호금이 6만 달러로 늘었다. 링거주사액 1만 3천 병을 비롯한 의약품 두 트럭, 쌀과 물 등 먹을 것 두 트럭을 구입했다.

구호품을 트럭 4대에 싣고 1월 15일 육로로 아이티를 향했다. 다섯 시간을 달려 도미니카공화국과 아이티 국경을 한 시간 거리에 남겨둔 시점이었는데 아이티에서 경찰관 다섯 명이 성난 아이티 사람들에 의해 죽고 UN창고도 털렸다는 소식이 들어왔다. 방금 아이티에서 나온 사람이 이야기를 했다고 한다.

그날 아침 도미니카공화국에서 발행되는 신문 1면에 실린 사진이 떠올랐다. 수많은 시신들 사이에서 가족을 찾고 있는 한 사람 사진이 크게 실려 있었다. 사진 속 시신들이 처음에는 환자인 줄 알았다. 나중에 기사를 보고서야 그것이 시신인 것을 알았다. 이런 상황이라면 사람이 무슨 일인들 못하겠는가.

마음이 무거워졌다. 계속 가야 하는가, 아니면 지금이라도 돌아가야 하는가? 우리 팀과 동행하고 있는 도미니카공화국 주재 아이티 영사에게 사실 여부를 확인했다. 영사는 통신이 두절된 상태이기 때문에 확인할 수 없다고 했다. 차를 함께 타고 있던 일행들은 그 이야기를 듣고는 아무 말도 하지 않았다. 피로감이 한꺼번에 몰려왔다. 잠을 하루 두세 시간밖에 자지 못한 이유만은 아니었다.

아이티 국경을 밤에 넘었다. 아이티는 깜깜했다. 강진 때문에 전기와 통신이 두절된 상태였다. 길을 따라 사람들이 걷고 있었다. 사람들이 모여 있는 앞을 지날 때는 차가 속도를 냈다. 말이 없었다. 국경에서 1시간쯤 달리자 아이티 수도 포르토 프랭스가 나타났다. 지진의 흔적들이 보이기 시작했다. 어두운 가운데 많은 사람들이 거리에 있었다. '지진 피해를 입은 불쌍한 사람들'로 보여야 하는데 '언제 달려들지 모르는 위험한 사람들'로 보였다. 자유무역지대인 소나피 공단에 도착했다. 도미니카공화국을 비롯한 몇 나라에서 온 NGO들이 그 공단 안에 캠프를 설치하고 있었다. 중무장한 UN군이 공단을 지키고 있었다.

이른 아침 구호계획을 세우기 위해 차를 타고 지진현장을 둘러보았다. 지진 피해가 심하다는 주요 네 지역을 돌아보았다. 이른 시간인데도 거리에 사람들이 많았다. 대부분 퀭한 얼굴을 하고 있었다. 아이티 사람들은 대부분 지금도 마당이나 길에서 잔다. 집이 무너지지 않은 사람도 집에 들어가기를 두려워한다. 지금도 여진이 있다.

시내로 들어서자 강진의 흔적이 나타나기 시작했다. 그러나 그것은 시작에 불과했다. 참상은 이내 눈앞에 펼쳐졌다. 큰길 가는 시신들을 대부분 치웠지만 안쪽 길로 들어가자 여기저기 시신들이 널려 있었다. 천에 싸인 시신도 있었지만 대부분은 그대로 쓰레기처럼 버려져 있었다. 그 앞을 사람들이 코를 막고 지나가고 있었다. 마스크를 착용했지만 부패한 시신에서 나는 악취를 막지는 못했다. 이렇게 길가에 널린 시신들은 사람들이 수습하지 못하고 중장비를 이용해 처리하고 있었다. 사람의 시신이 쓰레기와 같이 처리되는 기가 막힌 일이 눈앞에서 펼쳐졌다.

우리 팀은 현지 경찰의 에스코트를 받으며 도미니카공화국에서 구입해 가지고 온 의약품 두 트럭을 몇 개의 병원에 전달했다. 어느 병원에서 우리에게 마취제가 있느냐고 물었다. 지금 마취제 없이 수술을 하고 있다고 다급한 목소리로 마취제를 찾았다. 마취제를 구호품 목록에서 마지막에 제외시킨 것이 가슴 아팠다.

1월 17일 트럭 두 대에 실린 쌀과 물 그리고 크래커와 생리대를 폴 운동장에 있는 이재민들에게 직접 나눠주기로 했다. 이석진 목사님이 선발대로 갔다. 오전 10시, UN군 13명의 호위를 받으며 이재민 9천 명 정도가 모여 있는 폴 운동장으로 출발했다. 그러나 UN군이 우리 팀을 데려다준 곳은 국립운동장이었다. 착오가 있었던 것이다. 상황상 구호품을 직접 나눠주기에는 무리였다. 구호캠프로 되돌아왔다. 안전을 고려해서 구호품 전달 방식을 직접에서 간접으로 바꾸었다.

1월 21일 서울에 도착했다. 우리 팀이 현지에서 사역하는 동안 봉사단 계좌로 5천만 원이 들어와 있었다. 도미니카공화국 주재 아이티 영사와 현지에 있는 김현철 선교사님에게 연락해 마취제를 중심으로 의약품 4만 달러어치를 구입해 22일 아이티로 들어가도록 했다. 그 후로도 몇 차례 더 의약품과 구호품을 실어 보냈다.

유난히 슬픈 역사가 많은 나라, 아이티의 눈물을 닦아주고 싶다.

강도 만난 이웃은 돌보아 주라

어떤 율법사가 일어나 예수를 시험하였다.

"선생님, 내가 무엇을 하여야 영생을 얻으리이까?"

예수께서 그에게 물으셨다.

"율법에 무엇이라 기록되었으며 네가 어떻게 읽느냐?"

"네 마음을 다하며 목숨을 다하며 힘을 다하며 뜻을 다하여 주 너의 하나님을 사랑하고 또한 네 이웃을 네 자신 같이 사랑하라 하였나이다."

예수께서 말씀하셨다.

"네 대답이 옳도다. 이를 행하라. 그러면 살리라."

이 사람이 자기를 옳게 보이려고 예수님께 또 물었다.

"그러면 내 이웃이 누구니이까?"

예수께서 비유를 들어 말씀하셨다.

"어떤 사람이 예루살렘에서 여리고로 내려가다가 강도를 만나매 강도들이 그 옷을 벗기고 때려 거의 죽은 것을 버리고 갔더라. 마침 한 제사장이 그 길로 내려가다가 그를 보고 피하여 지나가고 또 이와 같이 한 레위인도 그 곳에 이르러 그를 보고 피하여 지나가되 어떤 사마리아 사람은 여행하는 중 거기 이르러 그를 보고 불쌍히 여겨 가까이 가서 기름과 포도주를 그 상처에 붓고 싸매고 자기 짐승에 태워 주막으로 데리고 가서 돌보아 주니라. 그 이튿날 그가 주막 주인에게 데나리온 둘을 내어 주며 이르되 이 사람을 돌보아 주라 비용이 더 들면 내가 돌아올 때에 갚으리라 하였으니 네 생각에는 이 세 사람 중에 누가 강도 만난 자의 이웃이 되겠느냐?"

율법사는 망설이지 않고 대답했다.

"자비를 베푼 자니이다."

예수님께서 단순 명료하게 말씀하셨다.

"가서 너도 이와 같이 하라."

선한 사마리아 사람의 비유로 불리는 이 말씀의 결론은 가서 너희도 사마리아 사람과 같이 하라는 것이다.

강도 만난 사람은 누구인가? 문자적으로 강도 만난 사람들이 있고, 의미적으로 강도 만난 사람들이 있다. 갑작스런 재난을 당한 사람들, 이들은 의미적인 강도를 만난 사람들이라고 할 수 있다. 지진이란 강도를 만나고, 쓰나미라는 강도를 만난 사람들이 있다. 전혀 예기치 않은 상황에 재난을 만난 것이나 강도를 만난 것이 일반이다. 우리 주변에는 '강도 만난 사람들'이 있다. 문자적인 강도를 만난 사람이 있고, 의미적인 강도 만난 사람들이 있다.

예수님은 강도 만난 자들에게 가서 사마리아 사람이 했던 것처럼, 그들의 상처를 싸매주고 돌보아주라고 하신다.

구약성경 잠언도 "너는 사망으로 끌려가는 자를 건져 주며 살육을 당하게 된 자를 구원하지 아니하려고 하지 말라"고 권면한다. 사망으로 끌려가는 자, 살육을 당하게 된 자를 구원해 주라는 말씀이다. 이런 상황을 그냥 지나친 후에 나는 그것을 알지 못했다고 핑계할 수 없다. 사람의 속마음을 하나님께서 다 알고 계신다.

> 네가 말하기를 나는 그것을 알지 못하였노라 할지라도
> 마음을 저울질 하시는 이가 어찌 통찰하지 못하시겠으며
> 네 영혼을 지키시는 이가 어찌 알지 못하시겠느냐.
> 그가 각 사람의 행위대로 보응하시리라. 잠언 24장 12절

이 말씀에 따라 재난 당한 사람들을 찾아가 싸매주는 일을 하고 있다. 1995년 6월 삼풍백화점이 무너진 현장에서 구호 활동을 한 후로 지금까지 재난이 있는 곳이면 국내외 어느 곳이든 찾아간다. 찾아가서 그들의 상처를 싸매주고 그들의 필요를 채워주고 있다.

재난 현장을 찾아가면 물론 힘이 든다. 긴 시간 비행기를 타야 하고 또 이어서 재난 현장까지 접근해야 한다. 먹지 못하고, 자지 못하고, 위험에 처할 때도 있다. 홍수나 사이클론 같은 경우는 구호만 하면 되지만 지진이 난 경우는 여진에 대한 대비도 해야 한다.

2004년 이란 밤시市에서 지진이 났을 때는 운동장에서 며칠을 잤다. 바람은 얼마나 강하게 불고 춥던지, 밤을 맞는 것이 참 고통스러웠다. 우리 팀과 함께 간 것은 아니지만 그때 취재 기자 중 한 분은 후에 안면 일부가 마비되어 수술을 받기도 했다. 시신이 부패하는 냄새로 인해 코를 막고 구호 활동을 한 적도 있다.

그래도 지금까지 재난이 나면 계속 현장으로 달려가고 있다. 주님이 "가서 너희도 이와 같이 하라"고 하셨기 때문이다. 또한 재난 당한 사람들을 싸맬 때 하나님이 주시는 은혜가 있기 때문이다. 재난 당한 자들과 함께 우는 자의 행복이 있기 때문이다. 사람들은 그렇게 힘든 일을 어떻게 그렇게 계속 하느냐고 묻는다. 그런데 실은 힘든 줄 모른다. 현장에는 하나님이 주시는 힘이 있다. 영혼의 즐거움이 있다.

사이클론을 만난 미얀마 사람들

2008년 5월에는 미얀마에서 사이클론 나르기스로 엄청난 희생자가 발생했다. 방콕에서 양곤을 가는 비행기 안에서 방콕포스트를 읽는데 1면에 UN이 미얀다 사이클론 사망자 수를 10만 2천 명으로 발표했다는 기사가 실려 있었다. 2008년 5월 12일 월요일 저녁, 아홉 명으로 구성된 한국 교회 긴급구호팀은 뼈떼인을 향해 그 밤에 달렸다. 도착하니 자정이 넘었다. 그곳을 향해 가면서 먼저 온 우리 팀들을 통해 하나님이 하신 일들을 들었다.

사이클론 피해를 가장 많이 본 곳이 바다와 인접해 있는 라부따다. 양곤 지역에서 1차 구호를 마친 우리 팀들은 라부따 지역에서 구호 활동을 하기로 했다. 구호 활동을 하기에는 여러 가지 제약이 있었다. 미얀마 당국이 UN을 비롯한 외국 구호팀의 입국을 거절한 상태였다. 다른 나라 재난 구호를 갈 때는 재난구호팀이라고 밝히고 대사관이나 그 나라 정부의 협조도 받는데 미얀마는 숨어서 작전하듯이 구호 활동을 해야 했다.

우리가 구호를 하러 가기로 한 라부따는 외국인 출입금지 지역이다. 중간에 1박을 하게 될 뼈떼인도 마찬가지다. 그곳까지 가기 위해 수많은 검문소를 지나야 했다. 과연 갈 수 있을까? 우리 팀은 가지고 간 구호금을 현지 화폐로 바꿨다. 여행 가방 두 개가 돈으로 가득찼다. 돈이 그렇게 무거운지는 그때 처음 알았다. 그야말로 돈 가방을 차에 싣고 이른 아침 출발했다.

우리 팀은 두 대의 랜드 크루저를 렌트했다. 미얀마에서 중고 가격이 대당 1억 원 하는 차다. 차량에 세금이 워낙 많이 붙어 사륜구동자동차의 경우 대부분 몇천만 원씩 했다. 이런 차는 대부분 군 장성이나 고위 관료들이 타는 차로 분류되어 통행이 자유롭다고 해서 빌린 것이었다. 그 말은 맞았다. 검문소를 통과할 때면 검문도 받아야 하고, 통행세도 내야 한다. 하지만 우리가 탄 차가 검문소에 접근하면 초소를 지키던 군인들이 서둘러 길을 열어주고 거수경례까지 했다. 익숙하지는 않지만 거수경례로 화답해주었다. 이런 그 나라 사정을 알아서 그런지 렌터카 기사는 군복을 입고 있었다.

뻐떼인에서 1박을 한 우리 팀은 다음 날 아침 그곳에 있는 구호소를 돌아보고 라부따를 향해서 달렸다. 비가 와서 패인 곳이 많은 비포장도로를 다섯 시간을 달려 현장에 도착했다. 현지 교회가 운영하고 있는 현장 구호소엔 우리가 보낸 쌀

10톤과 디젤 등이 도착해 있었다.

우리는 배를 빌려 섬으로 들어가보기로 했다. 피해 현장이다. 비가 내리는 가운데 우리 팀원들은 작은 배 하나를 빌려 탔다. 우리는 배에 혹시 그곳에 있을지도 모르는 사람들을 위해 쌀 두 포를 싣고 갔다. 40분 정도 배를 타고 가면서 우리 팀원들 모두는 그저 다 넋을 놓았다. 세계에 참 많은 재난 현장을 다녀보았지만 이런 곳은 처음이었다. 재난이 발생한 지 열흘이 되어 가는데 폭이 50m쯤 되는 강 좌우에 시신들이 그대로 널려 있었다.

40분을 가는 동안 강 좌우에서 우리 팀원들이 확인한 시신만 마흔두 구였다. 그중에도 우리 마음을 아프게 한 시신은 나무에 달린 어린이들 시신이었다. 이야기를 들어보니 사이클론이 몰려오자 대피할 높은 곳이 없는 마을 사람들은 자녀들을 나무에 매달았다. 물에 쓸려 가지 않도록 단단히 나무에 묶어 놓은 것이다. 그런데 그 나무가 밀려오는 물에 부러진 것이다. 아이들 시신은 십자가에 달린 것처럼 두 손이 나무에 묶인 채로 강변에 방치되어 있었다.

강엔 시신 썩는 냄새가 진동했다. 더 이상 볼 수가 없어 그만 돌아가자고 했다. 그래도 이것은 많이 나아진 상태라고 했다. 처음에는 생존자들을 실으러 배가 들어가기 위해서 시신을 좌우로 밀치면서 다녔다고 우리 선주는 말했다.

우리 모두 더 이상 볼 수 없다고 돌아가자고 할 즈음 무너진 집을 수리하고 있는 사람들 몇이 보였다. 그들이 손짓하는 곳에 배를 댔다. 우리가 싣고 간 쌀 두 포라도 전달하기 위해서 그렇게 했다. 배가 도착하자 어디선가 사람들이 몰려들기 시작했다. 금방 백여 명이 넘는 사람들이 몰려왔다. 거기가 마을이었다. 마을 이름이 꺼닝공이다. 모든 집이 다 쓸려 내려가서 우리는 거기가 마을인지도 몰랐다. 이번 사이클론으로 집들이 거의 대부분 쓸려 내려가 우리 눈에 보이지 않았던 것이다. 마을 이장을 만나 이야기를 나누었다. 1,900명이 살던 마을인데 이번에 400명이 죽고 1,500명이 살아남았다고 했다. 아이들도 보였고, 아이를 안은 엄마도 보였다. 모든 것이 쓸려나간 중에도 그들은 거기서 살기 위해 다시 무너진 대나무집을 세우고 있었다.

하나님이 주시는 마음이 있었다. 그들의 필요가 무엇인지 물었다. 그들은 이구동성으로 먹을 쌀을 달라고 했다. 또 무엇이 필요하냐고 했더니 소금, 지붕용 천막, 이불, 옷, 양념, 디젤 등이 필요하다고 했다. 마을 사람들에게 위로의 말을 전했다. 하나님의 사랑이 우리를 여기 오게 했다, 한국 교회의 사랑을 갖고 여기 왔다고 전해주었다. 제일 앞쪽에 승려가 서 있었지만 그도 열심히 들었다. 마을 주민 몇 사람을 안아주었다. 특별히 어린아이들을 꼭 껴안아주었다. 살아줘서 고맙다고, 잘 살아달라고……

마을 이장에게 주민 몇 사람과 함께 마을에 있는 배를 가지고 뭍으로 오도록 했다. 어둠이 밀려오는 저녁 시간, 비는 부슬부슬 내리고 있었다. 우리 팀원들은 세 틈으로 나눠 마을 주민 대표들과 함께 장을 보러 갔다. 쌀 10톤, 천막 3,000m, 옷, 이불, 소금, 분유, 고추, 디젤, 기름, 물……. 모두 약 1,000만 원어치를 구입했다. 해안가에 있는 가게들 몇을 비웠다. 따라나온 마을 주민들이 얼마나 놀라며 좋아했는지 모른다. 다 아들을 잃고 딸을 잃고 아내를 잃은 사람들이다. 그런 그들이 함박미소를 지으며 어찌나 좋아하던지 그것이 오히려 안쓰러웠다.

길이 없다고 하는 중에도, 할 수 없다고 하는 중에도, 하나님은 길을 여셨고, 하나님이 하셨다. 우리 팀들은 모두 이것은 하나님이 우리에게 주신 특별한 은혜라고 고백했다. 돈이 있어도 구호를 할 수 없고, 구호품을 구입해도 그것을 전달할 수가 없는 안타까운 상황 속에서 하나님은 예기치 않은 방법으로 그들을 먹이셨고 그들을 입히셨다. 우리 팀들이 갈 때 구제창고에서 챙겨간 옷들이 너무나 귀하게 그들에게 전해졌다.

언제 또 다시 같은 일이 그들이 살고 있는 곳에서 일어날지 모른다. 만약 같은 상황이 발생한다면 여전히 같은 일이 일어날 수밖에 없는 지리적이고 구조적인 문제가 있는 곳에서 그들은 산다. 그렇지만 그들은 그곳에서 살 수밖에 없다. 주변에 시신이 여기저기 널려 있는 상황이지만 그들은 그곳을 떠나갈 수 있는 곳이 없다. 우리는 배를 타고 40분을 갔는데 바다가 나오려면 5시간을 가야 한다. 그 좌우로 우리가 갔던 마을과 같은 마을들이 120개가 있다. 이것은 우리의 한계를 넘는 일이다. 하나님의 손에 올려드렸다.

우리는 더 이상 그곳에 머물 수가 없었다. 한시라도 빨리 그곳을 떠야 했다. 저녁을 거른 채로 우리 팀은 서둘러 그곳을 도망치듯이 빠져나왔다. 뻬떼아에 도착하니 자정이 넘었다. 구호를 하면서도 이렇게 작전하듯이 해야 하는 현실이 너무 안타까웠다.

주린 이웃에게 먹을 것을 나눠주라

사람은 밥을 먹어야 산다. 하나님께서 사람보다 먼저 창조하신 것이 있다. 그것은 사람이 먹을 양식이다. 먹을 것을 준비하시고 사람을 창조하셨다. 너무나 당연한 이야기지만 사람은 밥을 먹어야 산다. 그런데 사람들 중에 먹을 밥이 없어서 밥을 먹지 못하는 이들이 있다. 가난한 자들이다. 너무 많이 들어서 이제는 들어도 별 감각이 없는 말이지만 지금도 지구상에는 굶어서 죽는 사람들이 있다. 지구상에는 하루 1달러로 삶을 영위하고 있는 사람들이 있다. 정치 지도자를 잘못 만나 굶는 사람들도 있고, 구조적으로 굶을 수밖에 없는 상황 속에 사는 사람들이 있다. 지속적으로 굶고 있는 사람들도 있다. 아이티 같은 경우는 대부분의 사람들이 하루 한 끼를 먹고 산다. 하루 한 끼만 제때 먹게 해도 얼굴에 윤기가 흐른다고 한다. 먹을 것이 없어 늘 주린 사람들이 있고, 갑작스런 재난으로 인해 일시적으로 굶는 사람들도 있다.

어떤 이유로 굶든지, 굶는 사람은 먹게 해야 한다. 사람이 굶어서 죽게 돼서는 안 된다. 하나님은 주린 자에게 양식을 주라고 말씀하신다. 감사하게도 우리나라 같은 경우는 굶는 사람이 거의 없다. 굶는 사람이 있으면 어디에 얘길 해도 굶는 것을 면하게 해준다. 지자체에 이야기해도 되고, 교회에 이야기해도 되고, NGO에 이야기해도 된다. 그러나 아직도 지구 곳곳에는 굶고 있는 사람들이 있다.

성경은 하나님을 주린 자에게 양식을 주시는 분이라고 소개하고 있다.

> 여호와는 천지와 바다와 그 중의 만물을 지으시며
> 영원히 진실함을 지키시며 억눌린 사람들을 위해
> 정의로 심판하시며 주린 자들에게 먹을 것을 주시는 이시로다.
>
> 시편 146편 6-7절

광야에서 주린 이스라엘 백성에게 하늘에서 양식을 주시며 그들의 목마름을 해결해주시려고 반석에서 물을 내신 분이 하나님이다. 이 하나님께서 예수를 믿는 우리에게도 주린 자에게 먹을 것을 주라고 하신다.

이스라엘 백성들이 우리가 금식을 하는데 왜 우리의 금식하며 부르짖는 것을 들어주시지 않느냐고 하나님 앞에 서운함을 털어놓은 적이 있다. 그때 하나님께서 하신 말씀이 있다.

> 보라 너희가 금식하면서 논쟁하며 다투며
> 악한 주먹으로 치는도다.
> 너희가 오늘 금식하는 것은 너희의 목소리를
> 상달하게 하려는 것이 아니니라.
> 이것이 어찌 내가 기뻐하는 금식이 되겠으며
> 이것이 어찌 사람이 자기의 마음을 괴롭게 하는 날이 되겠느냐.
>
> 이사야 58장 4-5절

이 말씀에 이어 하나님은 그분이 기뻐하시는 금식을 설명해 주셨다.

> 내가 기뻐하는 금식은
> 흉악의 결박을 풀어 주며 멍에의 줄을 끌러 주며
> 압제 당하는 자를 자유하게 하며
> 모든 멍에를 꺾는 것이 아니겠느냐.
> 또 주린 자에게 네 양식을 나누어 주며
> 유리하는 빈민을 집에 들이며 헐벗은 자를 보면 입히며
> 또 네 골육을 피하여 스스로 숨지 아니하는 것이 아니겠느냐.
>
> 이사야 58장 6-7절

하나님이 기뻐하시는 금식 리스트에 주린 자에게 네 식물을 나눠주는 것이 들어 있다. 이 말씀은 주린 자에게 식물을 나눠주는 것을 하나님이 기뻐하신다는 뜻이고, 예수를 믿는 우리가, 교회가 마땅히 해야 할 일이라는 의미다. 이 말씀에는 약속이 있다.

> 그리하면 네 빛이 새벽 같이 비칠 것이며
> 네 치유가 급속할 것이며 네 공의가 네 앞에 행하고
> 여호와의 영광이 네 뒤에 호위하리니
> 네가 부를 때에는 나 여호와가 응답하겠고
> 네가 부르짖을 때에는 내가 여기 있다 하리라.
> 만일 네가 너희 중에서 멍에와 손가락질과
> 허망한 말을 제하여 버리고 주린 자에게 네 심정을 동하며
> 괴로워하는 자의 심정을 만족하게 하면 네 빛이 흑암 중에서
> 떠올라 네 어둠이 낮과 같이 될 것이며
> 여호와가 너를 항상 인도하여 메마른 곳에서도
> 네 영혼을 만족하게 하며 네 뼈를 견고하게 하리니
> 너는 물 댄 동산 같겠고 물이 끊어지지 아니하는 샘 같을 것이라.
>
> 이사야 58장 8-11절

① 네 빛이 새벽 같이 비칠 것이다.
② 네 치유가 급속할 것이다.
③ 네 공의가 네 앞에 행할 것이다.
④ 여호와의 영광이 네 뒤에 호위할 것이다.
⑤ 네가 부를 때에 나 여호와가 응답할 것이다.
⑥ 네가 부르짖을 때에는 내가 여기 있다 할 것이다. 기도 응답이 빠를 것이라는 의미다.
⑦ 네 빛이 흑암 중에서 발하여 네 어둠이 낮과 같이 될 것이다.
⑧ 나 여호와가 너를 항상 인도할 것이다.
⑨ 내가 마른 곳에서도 네 영혼을 만족하게 할 것이다.
⑩ 내가 네 **뼈**를 견고하게 할 것이다.
⑪ 너는 물 댄 동산 같을 것이다.
⑫ 물이 끊어지지 않는 샘 같을 것이다.

세상에, 주린 자에게 양식을 준다고 하나님께서 이렇게까지 해주시겠다니……. 세상에 이보다 남는 장사가 어디 있을까 싶다. 예수님이 약속하신 "주라 그리하면 너희에게 줄 것이니 곧 후히 되어 누르고 흔들어 넘치도록 하여 너희에게 안겨 주리라"는 말씀이 실감난다.

주린 자에게 양식을 주는 것이 곧 주님께 식사 대접하는 것이다. 예수님께서 제자들에게 비유로 하나님 나라의 진리를 가르쳐주시는 중에 나온 내용이다.

마태복음 25장을 보면 마지막 심판 날에 임금이 나와 그 오른편에 있는 자들에게 이렇게 말했다.

"내 아버지께 복 받을 자들이여, 나아와 창세로부터 너희를 위하여 예비된 나라를 상속받으라. 내가 주릴 때에 너희가 먹을 것을 주었고 목마를 때에 마시게 하였고 나그네 되었을 때에 영접하였고 헐벗었을 때에 옷을 입혔고 병들었을 때에 돌보았고 옥에 갇혔을 때에 와서 보았느니라."

이에 오른편에 있던 의인들이 반문했다. "주여, 우리가 어느 때에 주께서 주리신 것을 보고 음식을 대접하였으며 목마르신 것을 보고 마시게 하였나이까. 어느 때에 나그네 되신 것을 보고 영접하였으며 헐벗으신 것을 보고 옷 입혔나이까. 어느 때에 병드신 것이나 옥에 갇히신 것을 보고 가서 뵈었나이까."

임금이 그들에게 대답했다. "내가 진실로 너희에게 이르노니 너희가 여기 내 형제 중에 지극히 작은 자 하나에게 한 것이 곧 내게 한 것이니라."

이렇게 말하고는 이번에는 왼편에 있는 사람들에게 말했다. "저주를 받은 자들아, 나를 떠나 마귀와 그 사자들을 위하여 예비된 영원한 불에 들어가라. 내가 주릴 때에 너희가 먹을 것을 주지 아니하였고 목마를 때에 마시게 하지 아니하였고 나그네 되었을 때에 영접하지 아니하였고 헐벗었을 때에 옷 입히지 아니하였고 병들었을 때와 옥에 갇혔을 때에 돌보지 아니하였느니라."

그들도 동일하게 임금에게 물었다. "주여, 우리가 어느 때에 주께서 주리신 것이나 목마르신 것이나 나그네 되신 것이나 헐벗으신 것이나 병드신 것이나 옥에 갇히신 것을 보고 공양하지 아니하더이까."

임금이 저들에게 대답했다. "내가 진실로 너희에게 이르노니 이 지극히 작은 자 하나에게 하지 아니한 것이 곧 내게 하지 아니한 것이니라."

주린 자에게 한 것이 곧 예수님께 한 것이고, 하나님께 한 것이다. 우리가 주목할 것은 지극히 작은 자에게 한 것이 곧 내게 한 것이라는 주님의 말씀이다. 주린 자에게 먹을 것을 준 것은 곧 예수님께 식사 대접을 한 것이다.

우리는 이 진리를 깨닫고 참 많은 덕을 봤다. 이 진리를 깨닫고 나면 주린 자에게 쌀을 주는 것이 아깝지가 않다. 왜냐하면 주린 자에게 양식을 주면 하나님께서 어떻게 하실 것을 알기 때문이다. 그래서 우리는 쌀을 나누는 일을 신나게 한다. 주린 자에게 쌀을 나누고 얼마나 많은 덕을 봤는지 모른다. 그 은혜를 함께 나누고 싶다. 그 현장의 행복을 함께 나누고 싶다.

쌀 10kg에 목숨을 건 가장

우리 교회에서 생명의 쌀이라고 부르는 쌀이 있다. 생명의 쌀이라고 이름을 붙이게 된 이유가 있다. 2003년 일이다. 캄보디아에 있는 선교사들이 수련회에 와서 말씀을 전해달라고 해서 갔다.

그때 캄보디아를 가면서 그 땅에 있는 어려운 이웃들에게 예수의 사랑을 전하려고 마음을 먹고 나갔다. 현지 쌀값도 미리 좀 알아보고 돈도 좀 가지고 나갔다. 예수의 이름으로 굶주림에 시달리는 그들에게 밥을 먹게 해주고 싶었다.

캄보디아에 도착해 선교사님들에게 말씀을 전하면서 계속해서 하나님께 도움을 구했다. 가장 좋은 방법으로 쌀을 나눌 수 있게 해달라고. 이 일을 주목적으로 하고 나간 상황이 아니기 때문에 수련회를 하면서 계속 기도했다.

여러 방안을 놓고 기도하는 가운데 하나님께서 길을 열어주셨다. 둘째 날, 낮 시간에 주는 자가 받는 자보다 복이 있다는 말씀을 함께 나누면서 설교 중에 선교사님들에게 제안을 했다. 교회에서 쌀값을 가지고 나온 사실을 얘기하면서 이 일을 함께하고 싶은 선교사님들은 예배 후에 나를 좀 만나달라고 했다.

점심식사 후 약속한 장소에 미리 나가 선교사님들을 기다렸다. 20여 분의 선교사님들이 모였다. 그 자리에서 어떻게 할 것인지를 함께 의논했다. 그중에는 선교지에 와서 아직 한 번도 빈민지역을 가보질 못했는데 오늘 빈민지역을 간다는 얘길 듣고 나왔다는 선교사님도 있었다. 그 회의를 주재하는데 하나님이 기쁜 마음을 내게 부어주셨다.

어려운 빈민지역 세 곳이 선정되었고 구체적인 방법도 결정되었다. 그날 50kg 쌀 40가마(2톤)를 구입해 세 곳 중 한 곳을 방문하기로 했다. 나머지 두 곳은 쌀을 10kg로 나눠서 포장해 달라고 주문하고 다음 날 나누기로 했다. 그 사이에 미리 쿠폰을 만들어 어려운 이웃들에게 나누어주기로 했다. 한 팀은 쌀을 주문하러 가고 다른 한 팀은 쌀을 사서 나누러 갔다. 나는 쌀을 나누는 팀으로 갔다.

　트럭을 한 대 빌리고, 그 차에 쌀 40가마를 사서 실었다. 선교사님들이 50kg 쌀을 어깨로 메다 트럭에 싣는데 보기에 좋았다. 나도 몇 번 메다 실었다. 우리가 시장 안에 있는 쌀집에서 직접 쌀을 메다 싣는 것을 보면서 현지인들이 싱긋이 웃었다. 쌀을 실은 트럭에 올라타고 빈민지역을 향해 갔다.

　빈민지역에 도착해 선교사님들이 쌀을 퍼주기 시작했다. 거의 대부분이 그런 일은 처음이라고 했다. 땀을 흠뻑 흘리며 쌀을 퍼주는 선교사님들의 얼굴에서 기쁨을 보았다. 그릇을 가지고 와서 줄을 서는 대로 퍼주었다. 여섯 살이나 될까 하는 아이들도 비닐봉투를 들고 나와 줄을 섰다. 쌀의 의미도 잘 모를 것 같은 아이들이 쌀을 받아 들고는 활짝 웃었다. 50kg 쌀 30포가 금세 바닥을 드러냈다. 나머지 열 포는 자리를 옮겨 다른 지역에서 또 퍼줬다.

　하루가 지났다. 금요일 마지막 집회를 마치고 점심식사 후에 쌀 1천 포를 실은 차를 앞세우고 우리는 '썸복짭'이란 빈민지역으로 갔다. 미리 답사를 다녀온 장충삼 구제부장님은 그 지역의 열악한 환경으로 많이 마음 아파했다. 돼지우리 같은 곳에서 생활한다며 안쓰러워했다. 쌀을 실은 차가 도착하자 미리 쿠폰을 받은 350명의 사람들이 몰려나왔다. 한 가정에 쿠폰이 하나씩 전달되었다. 그러나 쌀을 실은 차 곁으로 동네 사람들 모두가 몰려나왔다. 금세 엄청난 사람들이 몰렸다. 그들을 향해 인사말 형식을 빌려 예수를 전했다.

드디어 쌀을 나눠주는 일이 시작됐다. 질서를 유지하기란 쉬운 일이 아니었다. 그곳에서 사역하고 있는 임만호 선교사님을 통해 미리 쿠폰을 받은 사람들에게는 쌀을 다 나눠줬다. 쿠폰을 받지 못한 사람들이 쌀을 실은 차를 에워쌌다. 금방이라도 달려들 것 같았다. 위험을 직감한 우리는 쌀 나눠주던 것을 중단하고 서둘러 차를 출발시켰다.

한 남자가 차에 매달렸다. 적재함에 타고 있던 나는 순간 아찔했다. 거의 목숨을 걸고 차에 매달렸다. 서둘러 트럭을 세워 그 남자에게 쌀 한 포를 주었다. 그 남자는 춤을 추면서 그 쌀을 들고 갔다. 그 뒷모습을 보면서 여러 생각을 했다. 2달러 하는 쌀 한 포에 생명을 건다! 그 일이 눈앞에서 펼쳐진 것이다.

나머지 700여 가마의 쌀은 나중에 선교사님들이 모여서 적절하게 나누도록 하고 한국으로 돌아왔다. 지금도 눈앞에는 쌀을 받아들고 그렇게 좋아 웃으며 고마워하던 캄보디아 사람들의 얼굴이 어른거린다. 2달러 하는 쌀 한 포에 생명을 걸고 차에 매달려 우리를 아찔하게 했던 그 가장의 심정이 전해진다.

나는 캄보디아에서 돌아와 성도들에게 이 이야기를 하면서 앞으로도 쌀을 계속 보내자고 했다. 그때 지은 쌀 이름이 〈생명의 쌀〉이다. 그때부터 지금까지 생명의 쌀은 캄보디아뿐 아니라 세계각처로 흘러가고 있다. 2010년 부활절에도 세계 열두 나라로 생명의 쌀을 보냈다. 현지에 있는 이 일을 기쁨으로 하고 있는 선교사님들에게 330만 원씩 보내 현지에서 쌀을 사서 주린 자들에게 준다. 300만 원은 쌀값이고 30만 원은 이 일의 행정비다.

생명의 쌀 나누기를 하면서 내게 쌀띠라는 별명이 생겼다. 쌀띠 친구들도 몇 생겼다. 쌀띠는 쌀이란 말을 들으면 반응이 빠른 사람들이다. 사람마다 가슴 뛰는 말이 있다. 어떤 단어를 들으면 가슴이 뛴다. 그것이 사람마다 다르다. 어떤 분은 통일이란 말을 들으면 가슴이 뛴다. 우리 교회 최주희 전도사님은 심방이란 말을 들으면 가슴이 뛴다. 주누가 선교사님은 미전도 종족이란 말을 들으면 가슴이 뛴다. 내게도 가슴 뛰는 단어가 몇 있다. 그중에 하나가 쌀이다.

생명의 쌀 은행

2006년 일이다. 한 성도가 나를 찾아왔다. 얼마 전 인위적으로 며칠을 굶어야 하는 일을 통해 배고픔의 고통을 체험했다며 그는 내게 이렇게 부탁했다.

"목사님, 번거롭게 해드려서 죄송하지만 이 돈으로 굶어 죽는 사람이 없도록 해주세요. 복음과 함께 쌀을 전해주세요."

한꺼번에 다 집행은 안 해도 되고, 혹 급한 일이 있으면 이 돈을 우선 활용하고 다시 채워 넣어도 된다고 했다. 잔고가 100만 원인 교회 상황을 배려해서 한 말 같았다. 이렇게 하고 1억 원을 교회 통장으로 입금했다.

하나님께 기도했다.

"아, 하나님. 이거 〈생명의 쌀 은행〉 종잣돈 맞나요?"

수년 전부터 마음에 머물던 〈생명의 쌀 은행〉을 설립하라는 하나님의 응답으로 전해졌기 때문이다. 나를 찾아왔던 성도와 두 분 장로님에게 생명의 쌀 은행 이야기를 했다. 다들 너무 좋아했다. 이것이 내게는 하나님이 확인 도장을 찍어주신 것으로 전해졌다.

주린 자들을 보고 하나님께 기도했다.

"하나님, 이 땅에 굶어 죽는 사람은 없게 해주세요."

이 기도에 주님은 이렇게 응답하셨다.

> 너희가 먹을 것을 주라. 마가복음 6장 37절

이 말은 문자적으로는 물고기 두 마리와 떡 다섯 개로 오천 명이 먹고 열두 광주리가 남는 기적을 앞두고 예수님이 제자들에게 하신 말이다.

예수님이 제자들에게 한 말씀에 우리도 "네" 하고 우리에게 있는 물고기 두 마리와 떡 다섯 개를 내어놓았다. 굶주림에 시달리는 사람들이 있는 곳이면 어디든 우리는 달려갔다. 가서 먹을 것을 주었다. 비록 우리가 가진 것은 아주 적지만 주님이 "너희가 먹을 것을 주라"고 말씀하셔서 우리는 주었다.

기적이 일어났다. 물고기 두 마리와 떡 다섯 개로 시작한 일인데 그것을 먹은 사람이 수만 명이다. 수만 명을 넘어 이제는 수십만 명을 먹이실 모양이다. 국내는 물론 북한과 캄보디아와 아프리카 니제르와 수단 등으로 생명의 쌀은 계속 흘러가고 있다. 성경에 있는 물고기 두 마리와 떡 다섯 개로 오천 명 이상이 먹고 열두 광주리가 남은 기적의 역사가 오늘 우리를 통해 우리 눈앞에서 재연되고 있다.

꿈에 그리던 생명의 쌀 은행을 설립했다. 이 1억 원이 자본금이다. 장애인SOS은행에 이어 두 번째 설립하는 은행이다. 이 은행은 말 그대로 생명의 쌀 은행이다. 먹을 것이 없어 굶는 사람들에게 쌀을 대출해준다.

수년째 캄보디아와 국내에는 꾸준히, 아프리카를 비롯한 어려운 나라 어려운 사람들에게는 부정기적으로 생명의 쌀을 보내고 있다. 쌀 대출을 받은 사람들이 나중에 형편이 되면 갚아도 된다. 그러나 꼭 갚아야 하는 것은 아니다. 먹고 살기만 해도 된다. 교회로부터 흘러가는 이 쌀을 먹는 사람들은 살아날 것이다. 육이 살고 영이 살 것이다.

생명의 쌀 은행에서는 쌀 예금도 받는다. 예금에 대한 이자와 원금은 장애인SOS은행과 마찬가지로 예금주가 하늘은행에서 직접 수령한다. 작은 자 중 하나에게 한 것도 그 상을 결코 잊지 않겠다고 하신 하나님이 풍성하게 갚아주실 것이다.

생명의 쌀 은행은 자본금이 소진될 때까지 계속 운영할 것이다. 자본금이 다 소진되면 문을 닫을 것이다. 장애인SOS은행도 이렇게 시작했는데 지금도 계속 문을 열고 있다. 하나님의 은혜다.

병든 이웃을 고쳐주라

사람이 살다보면 병이 들 때가 있다. 아플 때가 있다. 병 중에는 나면서부터 갖고 태어난 병도 있다. 마음이 병들 수 있고, 몸이 병들 수도 있다. 마음의 병이 육체의 병으로 이어지기도 하고, 육체의 병이 마음의 병이 되기도 한다. 마음 상한 것이 그만 몸의 상함으로 이어진다. 몸에 병이 있다는 진단을 받고 마음이 무너지는 경우다.

사람이 살면서 피할 수 없는 것이 어쩌면 병인지 모른다. 그 누구도 자신할 수 없는 것이 건강이다. 건강만큼은 자신한다고 하던 사람이 어느 날 갑자기 쓰러지는 경우를 우리는 많이 봤다. 병 앞에 장사 없다는 말을 실감한다. 그러다보니 너나 할 것 없이 우리 모두는 건강에 대해 민감하다. 정기적으로 하는 건강검진을 받고도 그 결과가 나올 때까지 신경이 쓰인다. 그러다 조직검사나 재검을 받아야 할 것 같다는 소리를 들으면 가슴이 철렁 내려앉는다. 정신과 병명 중에 건강염려증이 있다. 사람들이 병에 대해 얼마나 두려워하는지를 보여주는 한 예 같다. 정도의 차이는 있을지 몰라도 많은 사람들 안에 건강을 염려하는 마음이 있다.

병중에는 불편하고 힘들지만 그 병으로 죽지는 않는 병도 있지만, 죽는 병도 있다. 그래서 사람들은 병을 두려워하고 무서워한다. 병에 걸릴까 봐 두려워하다 병이 든 후에는 죽을까 봐 두려워하는 게 어쩌면 사람인지 모른다. 하나님은 우리에게 어떤 상황에 처하더라도 "내가 너와 함께하겠다, 내가 너를 도와주겠다"며 두려워 말라고 말씀하신다. 이것은 우리가 병들었을 때도 마찬가지다.

중병이라는 통고를 받으면 '왜 내가' 하는 생각이 들면서 마음이 상할 수 있다. 그 상한 마음이 분노로, 그리고 적개심으로 나타날 수 있다. 내가 이렇게 된 것은 아무개 때문이라는 생각을 할 수 있다. 때로 그 대상이 회사가 될 수 있고, 직장 동료가 될 수 있고, 가족이 될 수도 있다. 이렇게 자신이 병들게 된 것의 원인으로 지목된 대상을 향한 적개심이 생긴다. 이것은 암에 걸린 사람이 암세포에 영양제를 주는 것과 같다. 암세포가 분노와 적개심을 만나면 급속도록 퍼져나간다. 병이 들었을 때 마음이 상하지 않도록 각별히 주의해야 한다.

암이 걸려 힘들고 어려운 투병 기간을 보내고 암을 이겨낸 의사들의 인터뷰를 2010년 5월 18일자 조선일보에서 보았다. 김철중 의학전문기자가 쓴 인터뷰 기사에서 이들의 한결같은 충고는 분노와 적개심을 없애라는 것이다. 분노와 적개심은 없는 병을 만들고 있는 병을 악화시킨다. 인터뷰 기사에서 간암과 폐 전이암을 이겨낸 한만청(76·영상의학과 전문의) 전 서울대병원장은 "평정심을 잃고 분노와 적개심으로 암과 싸우다가는 도리어 면역력이 떨어진다"고 충고했다.

병든 이웃을 힘들게 하는 말들

자신이 병이 들 수 있고, 다른 사람이 병이 들 수도 있다. 내가 병들 수 있고, 가족이 병들 수도 있다. 이 병든 이웃을 어떻게 할 것인가? 병든 이웃에게 어떻게 하는 것이 병든 이웃을 사랑하는 것인지 함께 살펴보려고 한다.

병은 원인이 있다. 그것이 육체적인 것일 수 있고, 유전적인 것일 수 있고, 심리적인 것일 수 있고, 영적인 것일 수도 있다. 병이 들었을 때, 우리가 해야 할 일은 원인을 규명하는 일이 아니다. 그것은 의사의 몫이다. 신앙을 가진 사람들이 범하기 쉬운 오류 중에 하나가 질병의 원인을 다 영적으로 해석하려고 하는 것이다.

병이 들면 다 귀신이 들려서 그렇다고 단정하는 경우가 있다. 물론 성경을 통해서 살펴보면 귀신이 들어가서 일으킨 병도 있다. 예수님이 질병을 치료해주신 케이스 중에도 귀신을 쫓아내시니 그가 병에서 나은 경우가 있다. 그러나 모든 병을 이렇게 단정하는 것은 굉장히 위험하다. 이렇게 단정하면 병을 고치는 길은 당연히 귀신을 내쫓는 것으로 귀착된다. 귀신을 내쫓는다고 하다 병원에 일찍 가면 살 수 있는 사람을 죽음으로 몰아가는 안타까운 경우도 있다.

병이 들면 다 죄 때문이라고 하는 경우가 있다. 죄의 결과가 병으로 나타났다고 단정하는 것이다. 물톤 죄 때문에 생긴 병이 있다. 죄에 대한 징계로 생긴 병이 있다. 그러나 모든 병을 죄 때문이라고 하는 것은 위험하다. 죄 때문에 생긴 병이 아닌 병도 많다. 신령하다는 사람들 중에는 아픈 사람을 보기만 하면 회개하라고, 죄를 감추지 말라고 하는 사람이 있다. 뭔가 지은 죄가 있으니 병이 났을 것 아니겠느냐고 전제하고 하는 말이다. 이런 경우 병든 사람은 이중의 고통을 겪는다. 병이 들어 아픈 것 외에 죄책감과 정죄감에 시달려야 하기 때문이다. 이렇게 말하는 사람의 병문안은 거절하는 것이 치료에 도움이 된다.

병의 원인은 다양하다. 의사들에게 물어보라. 6년을 공부한 의사들도 병의 원인이 무엇인지 규명하는 데 어려움을 겪는다. 그런데 비전문가인 일반인이 너무 쉽게 병의 원인을 속단하거나 단정해서는 안 된다. 병의 원인이 죄 때문일 것이라고 생각하는 일은 어제오늘에 생긴 일은 아니다. 예수님의 제자들에게도 이것은 발견된다. 한번은 예수님과 제자들이 길을 가다 나면서부터 맹인된 사람을 만났다. 제자들이 예수님께 물었다.

> 랍비여, 이 사람이 맹인으로 난 것이 누구의 죄로 인함이니이까?
> 자기니이까, 그 부모니이까? 요한복음 9장 2절

제자들은 이 사람이 맹인이 된 것은 분명 죄 때문이라는 것을 전제하고 그 죄가 자기 죄인지, 부모의 죄인지를 예수님께 물은 것이다. 예수님께서 제자들에게 대답하셨다.

> 이 사람이나 그 부모의 죄로 인한 것이 아니라
> 그에게서 하나님이 하시는 일을 나타내고자 하심이라.
> 요한복음 9장 3절

이렇게 하시고 예수님은 이 맹인의 눈을 뜨게 해주셨다. 병든 사람에게서 하나님의 하시는 일을 나타내신 것이다. 병든 사람에게서 죄를 찾으려는 사람과 하나님의 하시는 일을 찾으려는 사람이 있다.

자신이 병들었다면 가던 걸음 잠시 멈추고 죄를 찾는 일을 할 필요가 있다. 혹 내가 회개하지 않은 죄가 있는지, 돌이키지 않은 죄가 있는지 찾아 회개하고 돌이키는 것이 필요하다. 찾아도 없거나, 찾아서 회개했다면 자유하야 한다. 자신이 병든 상태라 해서 계속 죄만 찾고 있어서는 안 된다. 그러나 다른 사람이 병들었다면 죄 찾기는 그에게 맡기고 우리는 그를 위해 위로하고 기도해주어야 한다.

병의 원인은 다양하다

병 중에는 예수님을 만난 맹인의 경우와 같이 하나님이 하시는 일을 나타내기 위한 병도 있다. 병 중에는 죽을병이 아니라 하나님의 영광을 위한 병도 있다. 예수님이 나사로가 병들었다는 소식을 듣고 "이 병은 죽을병이 아니라 하나님의 영광을 위함이요, 하나님의 아들이 이로 말미암아 영광을 받게 하려 함이라"고 설명해주셨다.

병 중에는 하나님이 우리 몸에 설치해놓으신 안전핀과 같은 병도 있다. 바울은 연약함이 있었다. 육체의 가시로 표현된 이 연약함이 무엇인지는 모르지만 육체의 질병이었을 것으로 추정한다.

> 여러 계시를 받은 것이 지극히 크므로
> 너무 자만하지 않게 하시려고
> 내 육체에 가시 곧 사탄의 사자를 주셨으니
> 이는 나를 쳐서 너무 자만하지 않게 하려 하심이라.
>
> 고린도후서 12장 7절

하나님께서 자신에게 주신 육체에 가시를 주신 이유를 바울은 '너무 자만하지 않게 하시려고'라고 설명한다. 사람에게 있는 육체의 질병 중에는 바울의 몸에 있었던 육체의 가시와 같이 하나님이 심어놓으신 안전핀도 있다. 사실 그런 안전핀이 있기에 우리가 자고하지 않는지 모른다. 사람 생각에는 육체의 가시가 없으면 더 겸손하고, 더 열심이고, 더 잘할 것 같은데 하나님은 사람을 너무 잘 아신다.

바울은 자신의 몸에 있는 육체의 가시를 감사함으로 받아들였다. 그 연약함 때문에 더 이상 힘들어하지 않았고, 부끄러워하지 않았다. 그 연약함을 위해 세 번 기도한 후에 더 이상 기도하지 않았다. 그 이유는 하나님이 "내 은혜가 네게 족하다"고 하셨기 때문이다. 자신의 약함을 통해 일하시고, 약함을 통해 자신을 보호하시는 하나님의 뜻을 깨달았기 때문이다. 이것을 깨달은 후에는 도리어 육체의 가시로 인해 크게 기뻐하며 그것을 자랑하고 다녔다.

병들었을 때 어떻게 해야 하는가?
병이 들었을 때 각별히 주의해야 할 것은 마음이 무너지지 않도록 하는 것이다. 성경은 "사람의 심령은 그 병을 능히 이기려니와 심령이 상하면 그것을 누가 일으키겠느냐"고 묻는다. 그래서 우리는 병든 사람을 찾아가 위로하고 격려하고 기도해주어야 한다. 자신이 병들었을 때는 교회나 가족, 친구들에게 위로와 격려 그리고 기도를 받아야 한다.

병든 이웃은 어떻게 해야 하는가?
예수님은 그의 제자들에게 병을 고쳐주라고 하셨다. 예수님이 열두 제자를 전도여행 보내면서 "가면서 전파하여 말하되 천국이 가까이 왔다 하고 병든 자를 고치라"고 하셨다. 이 말씀은 내가 너희에게 병 고치는 능력을 주었으니 너희는 병든 자를 고치라는 것이다. 이 능력이 제자들에게 있었다. 제자들을 통해 많은 병든 자들이 고침 받은 것을 성경이 증거하고 있다.

그렇다면 이 병 고치는 능력은 제자들에게만 한정된 특별한 능력인가? 성경을 보자. 예수님은 하늘로 올라가면서 이렇게 말씀하셨다.

> 믿는 자들에게는 이런 표적이 따르리니
> 곧 그들이 내 이름으로 귀신을 쫓아내며 새 방언을 말하며
> 뱀을 집어올리며 무슨 독을 마실지라도 해를 받지 아니하며
> 병든 사람에게 손을 얹은즉 나으리라. 마가복음 16장 17-18절

여기서 우리가 주목할 단어는 믿는 자들이다. 믿는 자들은 예수를 믿는 우리를 일컫는 말이다. 예수를 믿는 우리에게는 이런 표적이 따를 것이라고 예수님이 알려주고 가셨다. 그중에 하나가 병든 사람에게 손을 얹은즉 낫는 병 고치는 능력이다.

예수님이 하신 말씀을 조금 더 들어보자.

> 내가 진실로 진실로 너희에게 이르노니 나를 믿는 자는
> 내가 하는 일을 그도 할 것이요 또한 그보다 큰 일도 하리니
> 이는 내가 아버지께로 감이라. 요한복음 14장 12절

예수님이 하신 일을 예수를 믿는 자는 할 것이다. 예수님이 하신 일을 할 뿐 아니라 그보다 큰 것도 할 것이다. 이것은 예수님이 친히 하신 말씀이다.

예수를 믿는 바울에게 예수님이 말씀하신 것과 같은 일이 일어났다. 바울이 한 섬에 갔을 때 보블리오라는 사람의 부친이 열병과 이질에 걸려 누워 있었다. 바울이 들어가서 기도하고 그에게 안수하여 낫게 했다. 이 소식을 듣고 병든 사람들이 바울에게 와서 고침을 받았다.

이것이 예수님의 제자들과 바울에게만 가능한 일인가? 예수님은 나를 믿는 자에게 이런 능력이 있고, 이런 일이 가능하다고 하셨다. 우리가 예수를 믿는다면 우리에게도 동일한 능력이 있다. 예수님이 주신 능력이다.

하나님은 성경을 통해 우리에게 묻는다.

"너희 중에 병든 자가 있느냐?"

우리는 대답한다.

"네, 있습니다."

하나님은 우리가 어떻게 할 것인지를 가르쳐주신다.

> 그는 교회의 장로들을 청할 것이요.
> 그들은 주의 이름으로 기름을 바르며 그를 위하여 기도할지니라.
> 믿음의 기도는 병든 자를 구원하리니 주께서 그를 일으키시리라.
> 혹시 죄를 범하였을지라도 사하심을 받으리라.
> 그러므로 너희 죄를 서로 고백하며
> 병이 낫기를 위하여 서로 기도하라.
> 의인의 간구는 역사하는 힘이 큼이니라. 야고보서 5장 14-16절

교회의 장로들을 청하라는 말은 교회의 지도자들을 청하라는 말이다. 먼저 믿은 자들을 청하라는 말이다. 청함을 받은 장로들을 향해 기름을 바르며 위하여 기도하라고 하셨다. 하나님은 병든 자를 위해서 기도할 분명한 이유를 말씀해주셨다.

> 믿음의 기도는 병든 자를 구원하리니 주께서 그를 일으키시리라.
>
> 야고보서 5장 15절

병든 자를 믿는 자가 고치는 것이 아니다. 믿는 자가 믿음으로 기도할 때 주께서 저를 일으키신다. 하나님이 저를 치료하신다. 우리가 할 일은 믿음으로 병 낫기를 위해 기도하는 것이다.

예수를 믿는 모든 사람들에게 하나님이 병 고치는 능력을 주셨다. 또한 성령은 특별히 그것을 우리에게 은사로 주시기도 한다. 성령의 은사가 여러 가지인데 그중에 하나가 병 고치는 은사다. 예수를 믿는 우리는 병든 사람을 위해 할 일이 있다. 그것은 기도해주는 일이다.

모든 병을 기도로 다 고치겠다고 하는 사람들이 있다. 병원에 가거나 약을 먹는 것을 죄악시하고 오직 하나님께만 믿음으로 매달리라고 하는 경우다. 성경은 병들었을 때 교회의 장로들을 청하라고 했다. 그 청함을 받은 장로들에게 하나님은 기름을 바르며 위하여 기도하라고 하셨다. 여기서 바르는 기름을 여러 가지로 해석할 수 있지만, 당시 기름이 약으로 쓰였다는 사실에 근거해 '약을 바르며, 혹은 약을 먹으며'로 적용할 수 있다.

하나님께서 의학을 발전시키고, 의술을 발달시키고, 실력 있는 의사들을 양성한 것도 병든 우리를 치료하시기 위해 베푸신 하나님의 은혜로 적용할 수 있다. 오직 병은 병원에 가서 약으로만 치료받을 수 있다고 생각하며 병든 자를 위해 기도하는 것을 무시해서도 안 되고, 모든 병은 오직 기도로만 치료해야 한다고 병원을 가지 않거나 약을 복용하지 않아서도 안 된다. 기름을 바르며 위하여 기도해야 한다.

우리 교회에서는 금요일 저녁마다 심야기도회를 한다. 이 시간 마무리 기도는 늘 치유기도다. 병든 자들을 위해 치료를 구하는 기도를 한다. 이 시간을 통해 병이 낫는 역사가 많이 일어난다. 치료받은 경험들을 성도들이 서로 주고받으며 서로 격려하고 있다.

우리는 그 시간에 이미 자신이 알고 있는 병을 위해 치료를 구한다. 또한 자신이 알지 못하는 병을 위해서도 기도한다. 나는 할 수 있으면 성도들이 자신의 병을 알기 전에 치료해달라고 기도한다. 하늘나라 가면 아마 우리가 알지 못하는 사이에 고침 받은 많은 질병 목록을 보게 될 것이다.

정수리에서 발바닥까지, 피부에서 골수까지 치료해달라고 기도한다. 몸의 모든 수치들이 정상화되게 해달라고, 몸속에 있는 염증과 종양을 제거해달라고, 암세포를 제거해달라고 기도한다. 의사들에 따르면 우리 몸에는 하루에도 상당수의 암세포가 생기고 있다. 그것이 건강한 세포들에 의해 소멸되기 때문에 암에 걸리지 않는다. 우리 몸 안에서 암세포가 세력을 확장하지 못하도록 암세포를 소멸해달라고 기도한다. 하나님께 치료하는 광선을 비춰달라고 기도한다. 때로는 앞으로 3년 혹은 5년 후에 생길 병도 미리 치료해달라고 한다. 3년, 5년 후에 발병할 병의 근원을 치료해달라고 기도한다. 몸의 병뿐 아니라 마음의 병을 위해서도 기도한다. 우울증을 치료해달라고 기도한다. 때로는 병명을 대면서 치료해달라고 기도한다. 우리 자녀들의 아토피를 치료해달라고 기도한다. 때로 성도들이 자신의 병명을 일러주며 금요기도회 때 위해서 기도해달라고 한다. 파킨슨병을 위해서 기도해달라는 부탁도 받았다.

하나님의 말씀을 믿기에 우리는 기도한다. 금요일 저녁마다 우리는 치료받으러 나오는 심정으로 기드회에 참석한다. 기도회를 마치고는 병원에서 치료받고 퇴원하는 심정으로 가벼운 발걸음으로 집으로 돌아간다.

고아와 과부와 함께 즐거워하라

일반적으로 사람은 부모의 사랑과 돌봄을 받으며 자란다.

더 연약한 그릇인 아내는 남편의 보호와 돌봄을 받으며 산다. 그런데 우리 가운데는 부모 중에 한 분이 먼저 세상을 떠나서 편부 혹은 편모 가정에서 자라는 자녀들도 있다. 경우에 따라서는 두 부모가 다 세상을 떠남으로 홀로 자라는 경우도 있다. 남편 혹은 아내가 먼저 세상을 떠남으로 배우자 없이 사는 사람도 있다. 이런 이웃들은 보호가 필요하다.

고아와 과부, 성경은 이 표현을 사용하고 있다. 사람들 중에는 이 단어가 주는 부정적인 이미지 때문에 소년소녀가장이나 홀부모 등 다른 표현을 사용하자고 한다. 그들을 배려하기 위해 하는 말이다. 때로 이들을 지칭하는 용어나 표현을 바꾸는 것도 필요하다. 그러나 그보다 중요한 것은 그들을 향한 인식을 바꾸는 것이다. 고아라고 무시하고 멸시하고, 과부라고 우습게 여기고 가볍게 여기는 인식이 있다면 그것을 바꿔야 한다. 인식을 바꾸지 않은 채 이들을 지칭하는 용어만 바꾼다면 얼마 지나지 않아 그 용어 자체도 같은 이미지를 갖게 될 것이다.

하나님은 이들을 향한 각별한 마음을 갖고 계시다. 이들을 향한 하나님의 마음은 성경 곳곳에 나타나 있다. 하나님은 고아와 과부를 위하여 신원하시며 그에게 식물과 의복을 주시는 분이다. 하나님은 고아와 과부를 보호하시며 붙드시는 분이다. 이들은 하나님의 특별보호 대상자. 부모의 보호를 받을 수 없고 남편의 보호를 받을 수 없는 이들을 하나님께서 각별히 보호하시고 붙들어주신다.

하나님은 이들을 압제하지 말고, 학대하지 말고, 해롭게 하지 말라고 하셨다. 과부의 것을 토색하고 고아의 것을 약탈하는 자는 화가 있을 것이라고 선언하셨다. 세상 모든 사람에게 함부로 해서는 안 되지만 특별히 이들에게 함부로 해서는 안 된다. 왜냐하면 하나님이 특별히 관심을 갖고 있는 사람들이기 때문이다.

하나님은 이들과 함께 즐거워하라고 하신다. 절기를 어떻게 지켜야 할지를 성경을 통해 살펴보면 모든 절기에 빠지지 않고 등장하는 문구가 고아와 과부와 함께 즐거워하라는 것이다. 이들과 함께 더불어 살라는 것이다.

이들을 향해 하나님이 주시는 메시지를 무시하거나 함부로 하지 말고 이들을 보호하고 필요를 채워주고 함께 즐거워하라는 것이다. 교회와 국가는 이들에 대해 각별한 마음을 갖고 보호하고 그 필요를 채워주어야 한다. 우리나라가 이들을 위해 다양한 혜택을 주고 있는 것은 귀한 일이다. 이들과 더불어 살아야 한다. 그래야 건강한 사회가 되고, 건강한 국가가 된다. 이들이 억울함을 토로할 곳이 없어 눈물로 하나님 앞에 간구하는 일이 없도록 해야 한다. 우리 모두는 하나님이 이들에게 갖고 계신 마음처럼 각별한 마음으로 이들을 대해야 한다. 이들을 돌보는 일은 우리의 일이다. 교회의 일이다. 성경은 참된 경건을 정의하면서 그중에 '곧 고아와 과부를 그 환난 중에 돌아보는 것'을 넣었다.

우리 교회 안에 샬롬회가 있다. 1년이면 그들과 함께 몇 차례씩 만나 밥도 먹고 때로는 소풍도 가고 음악회도 가고 뮤지컬도 보러 간다. 샬롬회가 처음 만들어진 것은 2002년이다.

2002년 6월 21일. 그날 나는 참 오랫동안 마음에 담았던 것을 꺼내놓았다. 영동 전도 답사 현장에서 서둘러 서울로 올라왔다. 저녁 7시 모임을 위해서다. 마음에 늘 머물던 이들과 함께 저녁식사를 했다. 남편과 사별하고 혼자 자녀들과 살아가고 있는 여성도들이다. 그동안 개인적으로 관심을 갖고 기도하고 있었는데, 그날은 그 분들을 한 자리에 모셨다. 고심 고심하다 내린 결정이다. 그중에 어떤 분은 그런 모임에 나가는 것 자체가 상처를 도지게 하기 때문에 참석하지 않겠다고 했다. 그 아픔이 전해지니 더욱 마음이 아팠다.

식사를 하면서 모임의 취지를 조심스럽게 설명했다. 감사하게도 모두들 좋은 마음으로 뜻을 받아줬다. 내친김에 모임도 하나 만들기로 했다. 이름은 샬롬회라고 했다. 회장과 총무를 정하고 서로 위로하며 격려하는 그런 모임이 되었으면 좋겠다고 했다. 최주희 전도사님이 그 모임을 맡아 섬기기로 했다. 사별을 한 지 10여 년이 넘는 이도 있고, 며칠 전 1년을 넘긴 이도 있다. 취지를 듣고는 감사를 표하며 그렇잖아도 이런 모임이 있었으면 하는 바람이 있었다는 속내를 비치기도 했다.

이들에게 교회가 남편이 되고 또 아버지가 되었으면 좋겠다. 가끔 한 번씩 만나자고 했다. 1년에 한 번은 1박 2일로 소풍도 가자고 했다. 교회 승합차를 타고 가면 된다. 나와 교역자 중 한 사람이 교대로 운전하면 된다. 겨울 바다도 한번 보러 가자고 했다.

"그렇잖아도 그러고 싶은 마음이 있었는데 늘 따라다니는 '청승' 때문에 한번도 해보지 못했어요. 잘됐네요."

이 말을 듣고 고마웠다. 씩씩하게 살아들줘서 고맙고, 작은 사랑도 큰 사랑으로 받아줘서 고맙다. 그날 이후 샬롬회 식구들과 편안한 마음으로 만나고 있다.

2006년 추석을 앞둔 어느 날, 그날 저녁식사는 아이들과 함께했다. 초등학교와 유치원에 다니는 열한 명과 함께 스파게티를 먹었다. 그날은 샬롬회 식구들 중 자녀들이 초등학생 이하인 네 집과 함께했다. 만나서 밥을 먹으며 살아가는 이야기도 듣고 앞으로의 계획도 들었다. 앞으로 무엇을 해서 자녀들을 키우며 살아갈 것인가, 그것을 함께 나누기도 했다. 아이들 모두가 밝고 건강하게 자라고 있었다. 아이들이 잘 먹었다. 메인 메뉴 앞에 나온 빵들을 너무 많이 먹어 스파게티를 남긴 게 안타까웠다.

한 자매가 그 전날 친정아버지와 함께 남편 산소를 다녀왔다고 했다. 산소에서 돌아와 하나님께 기도했다고 했다.

"하나님, 저를 사랑하신다면서요? 그러면 저를 찐하게 사랑하신다는 것을 확인시켜 주세요."

그러고 났는데 오후에 최주희 전도사님에게서 전화가 왔다는 것이다. 저녁 먹으러 나오라고. 우리는 그 자매가 '나를 사랑하시면 왜 내 남편을 먼저 불러 가셨느냐'고 기도했다는 이야기를 하려는 줄 알았다가 함께 웃었다. 당당히 잘 살고 있는 샬롬회 식구들이지만, 가끔 이렇게 하나님의 위로가 필요한 때가 있다. 샬롬회 막내인 서른두 살의 세 아이 엄마가 처음으로 모임에 참석했다. 잠시 인사를 나누고 금방 친해져서 오래 전부터 알고 지내는 사람들처럼 함께했다.

저녁을 먹은 후에 샬롬회 회원들 넷, 자녀들 열한 명 그리고 나, 이렇게 한 무리가 2001 아울렛으로 이동했다. 그날의 미션은 아이들에게 추석빔 사 입히기였다. 아이들 1인당 일정액을 지급하고 1시간 반 후에 정문에서 만나기로 하고 흩어졌다. 엄마 몫도 계산에 넣었다. 1시간 반은 금방 지나갔다. 아이들은 다 때때옷을 한 벌씩 샀다. 아예 새로 산 옷으로 갈아입은 아이도 있었다. 아이들도 금세 친해졌다. 집으로 데려다주기 위해 차를 타고 오는데 한 아이가 물었다.

"엄마, 우리 다음에 또 언제 만나?"

"왜?"

"언니랑 또 만나서 놀라고."

한 아이가 내게 자기 집을 아느냐고 물었다. 안다고 그랬다.

"그런데 왜 우리 집 안 와요? 목사님, 바빠서요?"

대답은 하지 않았다.

그날 저녁식사 값, 그리고 추석빔 값은 성도들이 드린 십일

조로 계산했다. 교회가 한 일이다. 성도들이 한 일이다. 교회의 사랑이 저들을 당당하게 살게 한다. 교회만 오면 당당해진 다는 샬롬회 식구들이다.

출장에서 돌아온 남편의 선물, 이것은 2006년 샬롬회 식구들에게 하나님이 선물을 주신 콘셉트다. 샬롬회 식구들을 사랑하는 분을 통해 하나님이 화장품 세트를 마련해주셨다. 근사한 호텔 뷔페식당에서 식사를 했다. 식사 후에 미리 카운터에 맡겼던 화장품 세트를 선물했다.

출장을 다녀오는 남편들이 아내의 화장품을 주로 사오는 것을 보고, 그걸 한번 해주고 싶었다. 화장품도 기내에서 파는 것과 같은 것을 백화점에 가서 샀다. 한 사람 한 사람을 생각하면서 골랐다. 그러지 말아야 했는데 그만 다 울었다. 울릴 생각은 없었는데 다 울었다. 그냥 두었다. 나만 참으면 금방 진정되리라 생각했다.

미리 받은 남편의 성탄선물, 이것은 2007년 샬롬회 식구들에게 하나님이 선물을 주시면서 잡아주신 콘셉트다. 지난번에 이어 그해에도 같은 분을 통해 하나님이 우리 샬롬회 식구들에게 예쁜 구두를 선물해주셨다. 나는 파이프가 되어 이 사랑을 전달했다. 지난해 선물을 전달할 때 울음바다가 되었던 기억이 있어 그때는 웃게 하려고 애썼다. 그래서 선물 전달 장소도 울기가 쉽지 않은 백화점 구두 매장으로 잡았다. 각자가 원하는 신발을 고르도록 했다. 웬만한 신랑 둔 사람 이런 좋은 구두 못 사 신는다고 서로 분위기를 잡으며 웃었다. 새 신을 신고 어린아이처럼 좋아하는 샬롬회 식구들과 함께 '어머머머'를 연발했다.

자녀들도 함께 나왔다. 주로 초등학교에 다니는 아이들이 나왔다. 큰 아이들은 학교나 학원에 가느라고 나오지 못했다. 아이들이 얼마나 반가워하고 좋아하던지……. 여름에 속초엘 함께 갔다 온 후로 아이들이 나를 보고 싶다고 했다. 주일 예배를 마치고 우리 아빠 목사님 보러 가자고 떼를 쓴 아이도 있었다고 한다. 맛있는 점심 겸 저녁을 먹었다. 오후 4시 30분에 아이들을 포함해 이십여 명이 함께 먹었다.

"오늘 고기는 무한 리필이다."

밥을 먹고 미리 예약해 놓은 영화를 보러 갔다. 그 사이 30분을 이용해 신발을 샀다. 그리고 바로 이어 영화관으로 가서 다함께 영화를 봤다. 아이들이 보고 싶다고 골라 놓은 영화 〈어거스트 러쉬〉를 다함께 보았다. 음악이 있는 영화였다. 모두 다 행복해했다.

끝나고 바로 헤어지기가 아쉬워 국수 한 그릇 같이 먹고 행복한 수다를 좀 떨었다. 잘 살아줘서 고맙다고 했다. 그들은 교회가 있어 우리가 이렇게 당당하게 산다고 교회에 감사해했다. 가능하면 이 해가 가기 전에 애들 보고 집 보라고 하고 한 번 더 만났으면 좋겠다고 했다. 교회가 신랑인 사람들의 멋진 겨울, 좋은 공연이 있으면 함께 가자고 했다. 함께할 수 있는 시간을 하나님이 주셨으면 좋겠다.

2009년 겨울, 샬롬회 식구들과 함께 울진으로 1박 2일 겨울여행을 다녀왔다. 교회 승합차 두 대에 나눠 타고 다녀왔다. 나는 운전을 하고 가면서 '재잘재잘 이야기를 하는 딸들'의 행복한 수다를 들었다. 카메라에 예쁜 사진도 담았다. 참 많이 행복했다. 앞으로 몇 년은 이 추억을 먹고 살게 될 거라고 이구동성으로 이야기했다.

자녀들이 결혼을 하면 샬롬회를 떠난다. 자녀를 결혼시키는 것은 경사인데 샬롬회를 떠나는 것이 너무 아쉽다는 샬롬회 식구들이다.

"목사님, 저희들을 향한 그 마음 계속 가져주세요."

별로 한 것도 없는데 작은 사랑을 크게 받아주는 샬롬회 식구들에게 오히려 감사할 뿐이다. 교회가 디들의 남편이고, 아버지인 것이 참 좋다.

나그네 된 이웃을 선대하라

고아와 과부 외에 하나님의 특별 관심권 안에 있는 사람이 또 있다. 나그네들이다. 하나님은 나그네를 사랑하사 그에게 식물과 의복을 주시는 분이시다. 이 하나님은 우리에게 나그네를 사랑하라고 하신다.

> 너희는 나그네를 사랑하라. 신명기 10장 19절

하나님은 우리에게 나그네를 압제하지 말고, 나그네를 학대하지 말라고 하신다. 나그네는 이 땅에 삶의 기반이 없는 사람들이다. 객지 생활을 하는 사람들이다. 본국 나그네도 있고, 외국 나그네도 있다. 성경은 이 나그네들을 선대하라고 한다. 교회 지도자의 자격을 열거하는 중에 나그네를 대접하는 것이 포함되어 있다. 성경은 "네가 무엇이든지 형제 곧 나그네 된 자들에게 행하는 것은 신실한 일"이라고 했다. 욥은 "나그네가 거리에서 자지 아니하도록 나는 행인에게 내 문을 열어 주었다"고 고백하고 있다.

성경은 우리가 나그네라는 사실도 가르쳐준다. 우리의 본향 저 천국을 염두에 두면 이 세상에 사는 우리는 나그네다. 잠시 이 세상에 머물다 본향으로 돌아갈 나그네다. 나그네 된 우리는 나그네를 선대해야 한다.

경제적으로 안정되고 발전된 나라에는 외국인 노동자들이 있다. 외국인 노동자들은 분명 나그네다. 물론 외국인 노동자 중에도 고학력에 고임금을 받는 이들도 있다. 이들은 오히려 부러움의 대상이 될 수도 있다. 그러나 대다수의 저개발국가에서 온 외국인 노동자들은 열악한 환경 속에서 일을 하고 그 얻은 소득을 본국에 있는 가족들에게 송금하고 있다.

우리 안에 영어예배부가 있다. 처음에는 외국인 노동자들을 위한 예배부가 지금은 영어예배부가 되었다. 필리핀을 비롯해 각 나라에서 온 외국인 노동자들이 교회 안에서 안식을 누리며 교회 생활을 하고 있다. 외국인 노동자를 위한 예배를 처음 시작할 때부터 목회적인 관점에서 했다. 우리 안에는 필리핀 국적의 성도가 있고, 미국 국적의 성도가 있다. 교회 안에서 이방인이 아니라 교회의 한 일원으로 함께 예배하고 있다.

하나님께서 함께 즐거워하라고 하신 말씀에 따라 이들과 함께 주님 앞에서 춤을 추고 있다. 교회 내 어려운 성도들을 교회가 돕듯이 필요에 따라 외국인 성도들도 돕는다. 우리 안에 사랑의집이 있다. 어려운 성도들을 위해 교회가 임대해서 들어가 살게 해주는 집이다. 사랑의집 중에는 외국인 형제자매들을 위한 집도 몇 있다. 이들은 그 집 안에서 안정감을 누리며 살고 있다.

여수에는 하나님께서 우리를 통해 마련한 사랑의집 35호가 있다. 이 사랑의집은 외국인 노동자들을 위한 쉼터다. 쉼터는 직장을 옮기는 외국인 노동자들이 잠시 머무는 집이다. 외국인 노동자들이 직장을 다니다보면 본인의 사정이든, 아니면 고용주의 사정이든 중도에 직장을 그만두는 경우가 생긴다. 이렇게 되면 직장을 새로 구해야 한다. 전에 일하던 직장에서 바로 새로운 직장으로 가면 좋겠지만 현실적으로 쉽지 않다. 이런 상황이 되면 외국인 노동자들은 갈 곳이 없다. 여관에 머물며 직장을 구하는 것도 한 방법이지만 이들이 바다에 나가 한 달간 일하고 받는 돈이 90만 4천원이라고 했다. 이들이 여관 값을 내며 일자리를 구하는 것은 현실적으로 어렵다. 그러다보니 친구네 기숙사에 몰래 들어가거나 찜질방에서 지내며 직장을 구해야 했다. 그것도 안되면 노숙을 하며 직장을 구해야 했다.

이들의 이런 딱한 상황을 알게 된 이가 우리에게 SOS를 보내왔다. 이 요청을 받고 구제위원회를 섬기는 장충삼 장로님이 달려 내려가 2천만 원으로 연립주택 하나를 얻어 쉼터를 마련해주고 올라왔다. 이것이 사랑의집 35호다.

딱한 이웃으로 인해 마음이 아플 때는 기도하라

살다보면 딱한 사정을 접할 때가 있다. 안타까운 사연들을 접할 때다. 연약함을 도와주고 싶고 부족함을 채워주고 싶을 때다. 그 일이 우리가 도울 수 있는 일이거나 도울 형편이 되면 다행이다. 그럼 도와주면 된다. 채워주면 된다.

그러나 그 연약함과 부족함이 우리의 도움으로 해결할 수 없는 경우이거나 우리의 도움의 한계를 넘는 경우가 있다. 상황은 딱한데 내가 가진 것으로는, 나의 힘으로는 그 일을 해결해줄 수 없는 경우다. 내겐 그 딱한 상황을 개선해줄 수 있는 돈도 능력도 시간도 없다. 그런데 그 사람의 사정은 딱하다. 이럴 때 우리 마음은 더욱 아프다.

그래서 어떤 사람은 아예 사람들의 딱한 상황을 애써 외면

하려고 한다. 형편은 안되는데 알면 마음만 아프기 때문이다. 아니다. 이런 상황이라고 해도 우리가 할 수 있는 일이 있다. 마음이 아프면 기도하면 된다. 형편은 딱한데 내가 해줄 수 있는 일이 없어 마음이 아프다면 아픈 마음으로 기도하면 하나님이 하신다.

나는 이 귀한 진리를 몽골 밝은미래교회를 통해 다시 한 번 경험했다. 어느 해인가 성도들이 몽골로 단기선교를 갔다. 가서 이 교회의 딱한 상황을 보았다. 예배당이 없어 안식일교회 예배당을 주일만 두 시간씩 빌려 쓰고 있었다. 이 교회 사정을 보고 우리 성도들의 마음이 아팠다. 그렇다고 선뜻 예배당을 마련해줄 수 있는 형편은 되지 못했기에 더욱 마음이 아팠다. 우리 성도들은 아픈 마음으로 기도했다. 1년 이상을 기도했다. 나중에 나와 장로님들도 그 사실을 알고 역시 아픈 마음으로 기도했다. 예배당을 짓는 일 대신 기도한 이유는 당장 그 일을 우리가 도와줄 수 있는 형편이 되지 못했기 때문이다. 이 교회를 담임하는 알탄 서욤보 목사님을 비롯한 이 교회 성도들도 몇 년을 아픈 마음으로 하나님 앞에 기도했다.

하나님이 때가 되니 그 아픈 마음으로 기도한 것을 이루셨다. 2008년 여름에 하나님은 우리를 통해 밝은미래교회 예배당을 마련해주셨다. 하나님께서는 여름휴가 때 나를 몽골로 보내셔서 교회 건축을 위한 땅을 구입하게 하셨다. 그리고 2009년 5월 몽골을 찾아간 장충삼 장로님과 해외선교부장 이용근 집사님 마음에 이 교회 예배당을 지어줄 감동을 넣어주셨다. 하나님은 이 일을 위해 몇 억을 쓰셨다. 우리는 기꺼이 기쁜 마음으로 이 일을 섬겼다. 때가 되어 하나님이 하신 일이다. 기도하면 하나님이 일하신다. 때가 차면 하나님이 하신다. 기도하고 때가 찰 때까지 감사함으로 기다리는 것, 이것이 믿음으로 사는 우리의 삶이다.

자신의 일이든, 다른 사람의 일이든 안타까운 어떤 상황 때문에 마음이 아프다면, 그 상황에서 자신이 해줄 수 있는 일이 없기 때문에 더욱 마음이 아프다면, 기도하고 기대하라. 그러면 하나님이 하실 것이다.

우리의 마음이 아픈 것은 우리 안에 있는 긍휼 때문이다. 긍휼이 없다면 마음이 아프지도 않다. 사람들의 연약한 것과 부족한 것을 보고 마음이 아픈 게 긍휼이다.

사람들이 예수님께 나아와 말씀을 들었다. 사흘이나 예수님과 함께했다. 그런데 그들에게 먹을 것이 없었다. 그들을 돌려

보내야 할 시간이 되었다. 길에서 기진하여 쓰러질 수도 있다. 이 상황을 보신 예수님의 마음이 아팠다. 예수님은 그들을 목자 없이 유리하는 양 같이 불쌍히 여기셨다. 이 긍휼의 마음이 기적을 일으켰다. 이것이 그 유명한 오병이어 기적이다. 물고기 두 마리와 보리떡 다섯 개로 5천 명이 먹고 열두 광주리가 남은 일이다. 기적이 일어난 현장을 조사해보면 거기 긍휼이 있다. 불쌍히 여기는 마음이 있다. 불쌍히 여기면, 긍휼히 여기면 기적이 일어난다. 불쌍히 여기는 마음, 긍휼히 여기는 마음은 기적의 씨다.

우리는 여기서 하나님의 일하시는 한 방법을 배울 수 있다. 하나님이 어떤 사람의 연약함과 부족함을 채워주시기 원하면 그 일을 시킬 사람의 마음을 아프게 하신다. 그를 불쌍히 여기게 하신다. 그 사람 안에 긍휼을 부어주신다. 우리가 어떤 일에 마음 아프다고 해서 모든 사람이 다 마음 아파하는 것은 아니다. 유독 우리 마음만 아플 때가 있다.

이런 경우라면 하나님은 그 일을 우리를 통해 하기 원하신다고 보아도 좋다. 우리의 도움을 통해서든 아니면 우리의 기도를 통해서든 하나님은 우리를 통해 그 일을 하기를 원하신다. 우리를 마음 아프게 한 그 연약함과 부족함을 하나님께서 우리를 통해 채우기 원하신다. 그렇기에 그토록 우리 마음이 아픈 것이다.

살다보면 마음 아픈 일이 있다. 그것이 자신의 일일 수도 있고 다른 사람의 일일 수도 있다. 절망하지 말라. 원망하지 말라. 피하지 말라. 도망가지 말라. 기대하라. 우리의 마음이 아픈 것은 그 딱한 상황을 우리를 통해 바꾸기 원하신다는 하나님의 사인이다. 하나님이 들려주신 전주곡이다. 우리의 아픈 마음은 그 일을 우리를 통해 회복시키겠다는 하나님의 마음이다. 그렇기에 우리는 마음이 아픈 중에도 즐거워할 수 있다. 우리 마음을 아프게 하신 하나님을 찬양하며 기뻐할 수 있다.

동생이 어렵게 사는 것을 너무 마음 아파한 사람이 있다. 결혼을 해서 장성한 자녀들을 둔 동생인데 그는 그 동생으로 인해 마음이 아팠다. 그가 너무 힘들게 사는 것이, 어렵게 사는 것이 마음 아팠다. 하지만 그가 해줄 수 있는 것은 없었다. 도와줄 수 있는 경제력이 그에게 없었다. 그래서 그는 아픈 마음으로 기도했다. 그런데 하나님이 뜻하지 않은 돈을 그에게 주셨다. 그 돈으로 그는 동생의 집을 사는 데 보탰다. 집 없이 사는 동생을 불쌍히 여긴 그를 통해 하나님은 그 여동생의 부족함을 채우신 것이다.

   형을 보고 안타까워한 동생이 있다. 동생은 우리나라에서 제일 좋다는 대학을 나왔다. 그러나 형은 대학을 다니다 그만두었다. 가정형편이 너무 어려워 학업을 중단하고 돈을 벌러 나갔다. 그러나 30대 중반이 되도록 마땅한 직업도 없이 힘든 시간을 보내고 있었다. 동생의 마음에 이 형이 늘 걸렸다. 형을 생각하면 마음이 아팠다. 하지만 그 역시 형을 위해 해줄 수 있는 것이 없는 안타까움이 있다. 그래서 아픈 마음으로 그냥 기도만 했다. 하나님이 그 형에게 후원자를 붙여주셨다. 그동안 형이 지고 있던 빚을 갚아주고 작은 방도 하나 얻어주었다. 조건은 아무것도 없었다. 그냥 그러고 싶다고 했다. 중단했던 학업을 다시 시작했다. 대학에서 어쩌면 최고령자가 아닐까 싶지만 복학을 해서 다니고 있다. 하나님이 그를 앞으로 어떻게 하실지 기대가 된다. 형을 긍휼히 여긴 동생을 통해 하나님이 하신 일이다.

이웃은 더불어 살라

- 함께 읽을 말씀 : 잠언 3장 27-31절
- 마음에 새길 말씀 : 마가복음 12장 31절

1. 우리는 이웃과 함께 살아야 한다. 우리가 함께 살아야 하는 이웃은 누구인가?(관계행복〈이하 본문〉 pp.205-207 참고)

2. 부자 이웃과 가난한 이웃에 대해 우리는 기본적으로 어떤 마음과 자세를 가져야 하는가?(본문 pp.205-207 참고)

3. 웃는 이와 함께 웃어야 한다. 웃는 이와 함께 웃지 못하는 이유는 무엇인가?(본문 pp.208-209 참고)

4. 웃는 이와 함께 웃을 때 얻는 유익은 무엇인가?(본문 pp.212-214 참고)

5. 우는 이웃과는 어떻게 해야 하는가?(본문 pp.214-216 참고)

6. 우는 이웃과 함께 울었던 경우가 있으면 함께 나누라.

7. 강도 만난 이웃은 누구이며 우리는 그들에게 어떻게 해야 하는가?(눅 10장, 본문 pp.221-223 참고)

8. 예수님은 "가서 너희도 이와 같이 하라"고 하셨다. 이 말씀에 순종하여 강도 만난 이웃을 도왔던 경우를 함께 나누라(본문 pp.221-223 참고).

9. 주린 이웃에게는 먹을 것을 나눠주어야 한다. 먹을 것이 없어 혹 굶은 경험이 있는가? 만약 있다면 그 경험을 하나님이 하게 하신 뜻이 무엇일까? 그 중에는 주린 심정을 체험하게 한 후에 주린 이웃에게 먹을 것을 나눠주게 하려 하심도 들어 있지 않을까? 주린 이웃을 위해 당신이 하고 있는 일을 함께 나누라(본문 pp.231-245 참고).

10. 주린 자에게 먹을 것을 나눠주는 자에게 하나님이 약속하신 열두 가지 은혜는 무엇인가?(사 58:8-11, 본문 p.235 참고)

11. 마지막 심판 날에 임금 오른편에 앉은 자들과 왼편에 앉은 자들이 있었다. 그들을 통해 주린 자에게 먹을 것을 나눠준 자에게 하나님은 어떻게 해주겠다고 말씀하셨는가?(마 25장, 본문 pp.236-238 참고)

12. 병든 이웃을 위해 하지 말아야 할 일들이 있다. 그것은 무엇인가?(요 9:2, 본문 pp.248-250 참고)

13. 병든 이웃을 위해 해야 할 일은 무엇인가?(약 5:14-16, 본문 pp.253-259 참고)

14. 고아와 과부는 어떻게 해야 하는가?(본문 pp.259-262 참고)

15. 나그네 된 이웃은 어떻게 해야 하는가? 나그네를 위해 당신이 하고 있는 일을 함께 나누라(신 10:19, 본문 pp.269-272 참고).

16. 딱한 이웃으로 인해 마음이 아플 때는 기도해야 한다. 이렇게 한 후에 당신이 경험한 하나님이 그 이웃에게 하신 일을 함께 나누라(본문 pp.272-277 참고).

17. 이 과를 통해 받은 은혜를 함께 나누라.

FOR A RELATIONAL HAPPINESS

사람과의 관계를 아름답게
08_ 원수는 없애라

성경말씀 중에는 순종하고 싶은 마음이 들지 않고, 순종하면 손해가 될 것 같은 말씀들도 있다. 예를 들자면 이런 말씀들이다.

> 너희 원수를 사랑하며
> 너희를 박해하는 자를 위하여 기도하라. 마태복음 5장 44절

원수를 갚지 말며 동포를 원망하지 말라. 레위기 19장 18절

너희 원수를 사랑하며

너희를 미워하는 자를 선대하라. 누가복음 6장 27절

아무에게도 악을 악으로 갚지 말고

모든 사람 앞에서 선한 일을 도모하라. 로마서 12장 17절

너희가 친히 원수를 갚지 말고 하나님의 진노하심에 맡기라.

기록되었으되 원수 갚는 것이 내게 있으니

내가 갚으리라고 주께서 말씀하시니라. 로마서 12장 19절

네 원수가 주리거든 먹이고 목마르거든 마시게 하라.

그리함으로 네가 숯불을 그 머리에 쌓아 놓으리라.

악에게 지지 않고 선으로 악을 이기라. 로마서 12장 20-21절

너희를 저주하는 자를 위하여 축복하며

너희를 모욕하는 자를 위하여 기도하라. 누가복음 6장 28절

오히려 하나님께서 "너를 선대하는 자를 너도 선대하고, 너를 홀대하는 자를 너도 홀대하라." "네 이웃은 사랑하고 네 원수는 미워하라"고 했으면 좋겠다는 마음이 들 때가 있다.

그런데 예수님은 "네 이웃을 사랑하고 네 원수를 미워하라 하였다는 것을 너희가 들었으나 나는 너희에게 이르노니 너희 원수를 사랑하며 너희를 박해하는 자를 위하여 기도하라"하시며 "너희가 너희를 사랑하는 자를 사랑하면 무슨 상이 있으리요. 세리도 이같이 아니하느냐. 또 너희가 너희 형제에게만 문안하면 남보다 더하는 것이 무엇이냐. 이방인들도 이같이 아니하느냐"고 반문하신다.

예수님은 우리를 사랑하시고 우리를 위하시는 분이다. 그분이 이렇게 말씀하시는 것은 분명 이것이 우리에게 유익하기 때문이다. 그 유익이 무엇인지를 함께 살펴보자.

원수, 그는 누구인가

원수 하면 우리는 부모나 형제를 죽인 자와 같은 엄청난 해를 끼친 사람을 생각한다. 물론 그런 사람들이 원수다. 그러나 원수는 이런 사람들만은 아니다. 이런 사람들만 원수로 생각하면 원수가 있으면서도 원수가 없는 것으로 오해할 수 있다.

원수에 대한 하나님의 말씀을 들을 때도 자신과는 상관없는 것으로 생각할 수 있다. 원수는 나와 불편한 관계에 있는 사람이다. 나를 힘들게 하고 나를 괴롭게 하는 사람이다. 나와 관계가 좋은 사람은 이웃이고 좋지 않은 사람은 원수다.

원수는 나와 관계를 맺고 있는 사람이다. 원수는 나와 매일 만나든지, 아니면 매주 만나든지, 아니면 주기적으로 만나는 사람 중에 있다. 원수가 멀리 있는 것이 아니다. 나와 가까이 있는 사람, 나와 함께하는 사람 중에 원수가 있다. 왜냐하면 우리가 저 멀리 바다 건너 미국에 있는 주지사와 불편한 관계에 있는 것이 아니기 때문이다.

우리 곁에 있는 사람들은 언제든지 우리의 원수가 될 가능성이 있다. 부모 형제도, 친구와 교우도 원수가 될 수 있다. 불편한 관계가 될 수 있다. 가족과 이웃이 원수로 바뀔 수 있다.

관계가 틀어진 데는 원인이 있다. 그가 나를 힘들게 했을 수도 있고, 무시했을 수도 있고, 괴롭혔을 수도 있다. 내게 죄를 짓거나 악을 행했을 수도 있다. 아니면 내가 그에게 그와 같이 했을 수도 있다. 관계가 틀어지는 원인은 다양하다. 어떤 일로든지 관계가 틀어지면 그 사람과는 원수가 된다. 일단 원수가 되면 그를 미워하게 되고, 미워하게 되면 마음이 불편해진다. 지옥을 경험한다. 미워하며 천국 경험은 불가능하다. 그래서 원수가 있는 사람은 괴롭고, 고통스럽다.

원수를 만들지 말라

원수는 하늘에서 내려오거나 땅에서 솟아나지 않는다. 원수는 만들어진다. 할 수 있으면 원수를 만들지 말아야 한다. 그래야 행복하다. 다른 사람과 맺히지 말아야 한다. 관계가 맺히면 그는 나의 원수가 된다. 원수가 있으면 불편하다. 우리는 좋은 관계를 맺고, 좋은 관계를 유지하기 위해 힘써야 한다.

원수가 된 사람과 다시 좋은 관계를 만들기 위해 쓰는 힘이 100이라면, 그와 좋은 관계를 유지하기 위해서는 10만큼의 힘만 써도 된다. 원수가 되어 소송을 하면서 써야 하는 시간과 돈은 관계가 좋을 때 그 관계를 유지하기 위해 쓰는 시간과 돈과는 비교가 안 되게 많다.

원수를 만들지 않고 사는 것이 지혜다. 관계가 나빠지기 전에 수습하는 것이 경제적이다. 싸우고 난 후에 화해하는 것도 좋지만 더 좋은 것은 싸우지 않는 것이다. 그러나 어떤 연유로

든 원수가 되었다면 가능한 한 빨리 그 원수를 없애야 한다. 그것이 지혜다.

원수를 없애는 이 땅의 어플

원수가 있는 사람들은 원수를 없애려고 한다. 왜냐하면 원수와 함께 살고, 원수의 얼굴을 매일 보는 것이 힘들기 때문이다. 그래서 원수를 제거하려고 한다. 원수를 괴롭게 하고, 힘들게 한다. 따돌리고, 무시하고 멸시한다. 그러나 이렇게 하면 할수록 원수의 존재는 더욱 커진다. 이런 원수가 같은 직장 안에 있다면 그를 회사에서 쫓아내려고 한다. 이것도 사람들이 애용하는 원수를 없애는 어플이다. 힘을 가진 권력자들은 자신들의 원수를 다양한 방법으로 제거하려고 한다. 그러나 이것은 진정 원수를 없애는 것이 아니다. 원수를 없앤 것 같지만, 원수가 눈앞에서 사라졌는지 모르지만 마음 안에는 원수가 여전히 큰 자리를 차지하고 있다.

원수를 없애는 하늘나라 어플_ 사랑

원수는 없애야 한다. 하나님이 가르쳐주시는 원수를 없애는 방법은 사랑하는 것이다. 원수를 미워하면 그는 계속 나의 원수로 남아 있지만, 사랑하면 원수는 없어진다. 원수를 사랑하면 그는 나의 가족이 되고 이웃이 된다. 형제가 되고 동료가 된다. 그래서 하나님은 원수를 사랑하라그 하는 것이다.

원수를 사랑하라는 의미는 원수를 없애라는 것이다. 원수 없이 살아야 행복하기 때문이다. 그런데 이 깊은 하나님의 뜻을 모르다보니 하나님이 자신을 사랑하지 않고 원수를 사랑한다고 오해하는 것이다.

원수를 미워하지 말라는 것까지는 어떻게 한번 해보면 할 수 있을 것 같다는 사람들이 있다. 그런데 성경은 원수를 사랑하고 선대하고 축복하라고 한다. 그래서 힘들어한다. 원수를 사랑하는 일은 누구에게나 힘든 일이다. 자신의 힘이나 본성으로 할 수 있는 일이 아니다.

원수를 없애는 하늘나라 어플_ 기도

일반적으로 사람들은 원수나 원수가 자신을 박해한 일을 생각한다. 그것을 곰곰이 생각한다. 생각하고 또 생각한다. 원수에 대한 생각은 밤이 되어도 멈추지 않는다. 몸을 이리저리 뒤척거리며 계속 생각한다. 그러다 화가 치밀어 오르면 한밤중에 원수를 향해 메일을 쓰거나 전화를 돌리기도 한다. 아날로 그 시절에는 밤에 쓴 편지는 아침에 읽어 보고 보낼 수 있었는데, 지금은 쓰면 바로 간다. 심할 때는 날이 밝기까지 원수를 생각하고, 원수가 나를 핍박한 일을 생각한다. 이러면 원수는 점점 커진다. 이러다 원수의 비중이 삶 전체를 차지하는 상황을 맞을 수도 있다.

예수님은 원수 생각 대신에 우리에게 할 수 있는 것을 일러 주셨다.

> 네 이웃을 사랑하고 네 원수를 미워하라 하였다는 것을
> 너희가 들었으나
> 나는 너희에게 이르노니 너희 원수를 사랑하며
> 너희를 박해하는 자를 위하여 기도하라. 마태복음 5장 43-44절

예수님의 가르침에 "원수를 사랑하라"와 "너희를 박해하는 자를 위하여 기도하라"는 말씀이 함께 나온다. 원수를 사랑하는 것은 기도해야 가능한 일이다. 기도하면 성령을 받는다. 성령 충만해야 원수 사랑이 가능하다.

"너희를 박해하는 자를 위하여 기도하라." 이 예수님의 말씀 속에는 너희 원수가 네게 한 일을 생각하지 말고 원수를 위

해 기도하라는 의미가 담겨있다. 원수는 생각하면 커지고 기도하면 작아진다. 원수가 커지면 골리앗과 같아진다. 자신이 키워놓은 원수로 인해 두려워 떠는 일이 생길 수 있다. 원수를 생각하고, 원수가 나를 핍박한 일을 생각하면 잠을 못 이루고, 원수를 위해 기도하면 단잠을 잔다. 원수를 생각하면 원수가 차지하는 비중이 커지고 기도하면 적어지거나 없어진다. 원수의 비중이 커지면 마음이 온통 원수로 가득 찬다. 다른 생각을 할 여유가 없어진다. 삶에서 원수가 차지하는 비중이 커지면 창조적인 생각과 발전적인 일들을 할 수 있는 여력이 없어진다. 쉼이 사라진다.

야곱의 경우가 기도로 원수를 없앤 케이스다. 야곱은 형이 받을 아버지의 축복을 중간에서 가로챘다. 그 일로 형의 노여움을 사서 외삼촌 집으로 도망치듯이 내려갔다. 잠시 형의 노여움이 가라앉을 때까지 피한다는 것이 그만 20년을 외삼촌 집에서 살아야 했다. 너무나 그리운 곳이 고향이다. 야곱은 가족들과 그의 소유를 다 가지고 고향집으로 돌아가기로 했다. 고향이 가까워오면 올수록 야곱의 마음은 무거웠다. 형에서 때문이다. 사람들을 앞서 보내 알아보니 형이 400명의 사람들을 거느리고 자기를 만나러 오고 있다는 것이다. 그렇다고 야곱이 다시 외삼촌 집으로 돌아갈 수 있는 상황도 아니다. 야곱은 심히 두렵고 답답했다. 그는 자기와 함께한 사람과 양과 소와 낙타를 둘로 나눴다. 형 에서가 와서 한 떼를 치면 남은 한 떼는 도망가라고 일렀다. 그리고는 하나님 앞에 앉아 기도했다.

> 내가 주께 간구하오니 내 형의 손에서,
> 에서의 손에서 나를 건져내시옵소서.
> 내가 그를 두려워함은
> 그가 와서 나와 내 처자들을 칠까 겁이 나기 때문이니이다.
>
> 창세기 32장 11절

야곱은 형을 위해 그 소유 중에서 예물을 택해 종들에게 주면서 형에게 전해달라고 했다. 야곱은 예물을 먼저 보내 형의 감정을 푼 후에 대면하면 형이 혹시 자신을 받아 주지 않을까 하는 기대를 했다. 야곱은 형 에서와 맺힌 것을 풀기 위해 자신이 할 수 있는 일은 다 했다. 그러나 이것으로 형과 맺힌 것이 풀어질 것이라는 확신이 없었다. 그는 가족들을 다 얍복강을 건너게 한 후에 그 강가에 홀로 남았다. 홀로 남아 밤새도록 기도했다. 성경에는 하나님의 사자와 씨름을 했다고 기록되어 있다.

이 일 후에 야곱이 눈을 들어보니 형 에서가 사백 명을 거느리고 오고 있다. 야곱이 몸을 일곱 번 땅에 굽히며 형 에서에게 가까이 갔다. 야곱이 얼마나 긴장을 했겠는가. 형에게 죽을 수도 있고, 살 수도 있는 상황이다. 자신뿐만 아니라 가족들도 같은 위험에 처한 상황이다. 그런데 놀라운 일이 일어났다. 형 에서가 달려와서 그를 맞아서 안고 목을 어긋맞추어 그와 입 맞추고 서로 우는 뜻밖의 상황이 연출되었다.

에서가 야곱에게 물었다.

"내가 만난 바 이 모든 떼는 무슨 까닭이냐?"

야곱이 앞서 형에게 보낸 예물인 짐승 떼를 두고 한 말이다. 야곱이 대답했다.

"내 주께 은혜를 입으려 함이니이다."

에서가 말을 받았다.

"내 동생아, 내게 있는 것이 족하니 네 소유는 네게 두라."

세상에, 어찌 이런 일……. 야곱은 아마 꿈인가 생시인가 했을 것이다.

"그렇지 아니하니이다. 내가 형님의 눈앞에서 은혜를 입었사오면 청하건대 내 손에서 이 예물을 받으소서. 내가 형님의 얼굴을 뵈온즉 하나님의 얼굴을 본 것 같사오며 형님도 나를 기뻐하심이니이다. 하나님이 내게 은혜를 베푸셨고 내 소유도 족하오니 청하건대 내가 형님께 드리는 예물을 받으소서."

야곱이 강권하자 에서는 그것을 받았다. 그리고는 내가 너의 앞잡이가 되어주겠다고 했다. 가이드를 해주겠다는 것이다. 호위를 해주겠다는 것이다. 야곱이 형의 그 제안은 정중히 거절했다.

20년 동안 맺혔던 것이 풀어졌다. 원수지간이 형제지간으로 바뀌었다. 에서가 야곱과 입맞추기 위해 사백 명을 거느리고 동생을 마중 나온 것은 아니었다. 그런데 결과는 그렇게 되었다. "너는 내 칼에 죽어야 한다. 내 칼을 받으라"는 소리를 들을 수 있는 상황에서 "내 동생아, 내게 있는 것이 족하니 네 소유는 네게 두라"는 소리를 들은 것이다. 이것은 하나님이 기도한 야곱에게 주신 응답이다. 얍복강가에서 밤이 맞도록 간절히 기도한 야곱에게 원수는 없어지고 형만 남는 하나님의 은혜가 임한 것이다.

원수를 없애는 하늘나라 어플_ 축복

일반적으로 원수를 향해 좋은 말이 나가지 않는다. 직접 대면해도 그렇고, 다른 사람 앞에서 말을 해도 그렇다. 원수를 흉보고 비난하고 저주하는 것이 사람의 본성을 따라 나타나는 반응이다. 그런데 성경은 사람의 본성과 반대되는 것을 명하고 있다.

> 너희를 박해하는 자를 축복하라. 축복하고 저주하지 말라.
> 로마서 12장 14절
>
> 너희를 저주하는 자를 위하여 축복하며
> 너희를 모욕하는 자를 위하여 기도하라. 누가복음 6장 28절

성경의 가르침은 원수를 향해 저주하지 말라는 정도가 아니라 원수를 축복하라는 것이다. 원수를 위해 하나님께 복을 빌라는 말이다. 원수를 위해 좋게 말하라는 것이다. 쉬운 일이 아니다. 본성을 따라서는 도무지 할 수 없는 일이다. 원수를 향해 저주를 해야 속이 시원할 것 같은데, 저주를 하지 말라는 정도가 아니라 원수를 축복하라고 하니 어찌 이것을 죄로 말미암아 변질된 본성이 있는 사람이 할 수 있겠는가. 이것은 성

령의 소욕을 따라야만 가능한 일이다. 그래서 역시 이번에도 기도가 함께 들어 있다. 원수를 사랑하라는 명령과 기도하라가 함께 들어 있는 것처럼 원수를 축복하라는 명령과 기도가 함께 들어 있다. 기도해야 가능하다. 기도하고 성령이 충만해야 원수를 축복할 수 있다.

원수를 향해 축복하는 것은 원수를 없애는 지름길이다. 원수를 향해 저주하면 그 원수는 내 안에서 더욱 견고하게 자리를 잡는다. 그러나 원수를 향해 축복하면 원수는 사라진다.

원수를 없애는 하늘나라 어플_ 위탁

원수가 한 일이 악할 때, 우리 안에 있는 정의심이 발동한다. 정의의 칼을 빼어들기 쉽다. 그런데 성경은 이번에도 역시 일반적인 사람들이 가는 길과 반대되는 길을 가라고 한다.

> 너희가 친히 원수를 갚지 말고 하나님의 진노하심에 맡기라.
> 기록되었으되 원수 갚는 것이 내게 있으니
> 내가 갚으리라고 주께서 말씀하시니라. 로마서 12장 19절

성경의 가르침은 원수 갚는 것을 너희가 하지 말고 하나님

의 진노하심에 맡기라고 한다. 하나님은 친히 "원수 갚는 것이 내게 있으니 내가 갚으리라"고 말씀하셨다. 원수를 갚기 위해 힘이 없는 사람이 힘이 있는 사람을 고용하기도 한다. 이렇게 하려면 돈도 많이 들지만 불법으로 처벌을 받을 수도 있다. 그런데 이 힘들고 궂은일을 하나님이 맡아 처리해 주시겠다고 자원하신 것이다. 그것도 무료로. 우리는 믿고 맡기면 된다.

자신이 직접 원수를 갚으려고 하면 싸움은 끝나지 않는다. 싸움이 계속되는 동안 그는 여전히 나의 원수일 수밖에 없다. 원수 갚는 것은 하나님께 맡기라. 하나님께 위탁하라. 이것이 원수를 없애는 길이다. 원수 갚는 것을 하나님께 맡기면 원수는 내게서 하나님께로 옮겨진다. 내게서는 원수가 사라진다. 하나님께 위탁한 원수에 대해서는 하나님이 알아서 처리하실 것이다.

원수를 없애는 하늘나라 어플_ 용서

사이좋게 지내고 싶다. 그렇지만 그 사이가 막힐 때가 있다. 관계에 어려움이 생길 때가 있다. 원수지간이 될 때가 있다.

닫힌 관계는 열어야 하고 맺힌 관계는 풀어야 한다. 원수는 없애야 한다. 이것을 위해 하나님이 주신 도구가 있다.

예수님이 한번은 제자들에게 물으셨다.

"사람들이 나를 누구라고 하느냐?"

제자들이 각기 들은 말을 예수님께 전해드렸다. 이 말을 듣고 예수님이 다시 물으셨다.

"너희는 나를 누구라 하느냐?"

제자 중에 한 사람, 베드로가 대답했다.

"주는 그리스도시요 살아 계신 하나님의 아들이시니이다."

이것은 "나의 주가 되신 예수님은 메시아이시고, 하나님이시라"는 신앙고백이다. '그리스도'는 헬라어고 '메시아'는 히브리어. 그 뜻은 같다. 하나님의 아들은 하나님이다. 이것은 위대한 신앙고백이다.

이 신앙고백을 한 베드로에게 예수님은 천국 열쇠를 주겠다고 하셨고, 베드로는 그 열쇠를 받았다. 베드로만 아니라 베드로와 같은 신앙고백을 하는 사람도 받았다. 예수를 믿는 사람들은 천국 열쇠를 받은 사람들이다.

열쇠가 있다는 말은 곧 자물쇠가 있다는 말이다. 천국 열쇠가 있으면 천국 자물쇠가 있다. 천국 문은 잠겨 있다. 열쇠가 있는 사람만이 그 문을 열 수 있다. 바로 그 천국 열쇠를 베드로가 받았고, 예수를 믿는 우리가 받았다. 천국 문 앞에서 천국의 열쇠를 넣고 돌릴 때 그 문이 열리는 장면을 상상해 보라. 천국 문이 열리면 빛나는 천국이 펼쳐질 것이다. 천사들의 노랫소리가 들리고 하늘 보좌 우편에 앉으신 예수님이 달려와 "어서 와라, 잘하였다. 착하고 충성된 종아" 하시며 안아주실 것이다. 이 생각을 하면 이 세상에서 당하는 고난은 넉넉히 견딜 수 있다. 천국 열쇠를 바라보면 힘이 난다. 죄를 이기고, 선으로 악을 이길 수 있는 힘이 난다. 이 책을 읽는 분 모두가 이 천국 열쇠를 받았으면 좋겠다.

예수님이 베드로에게 약속하신 천국 열쇠는 신약성경을 기록한 헬라어 성경으로 보면 '천국 열쇠들'이다. 천국이 여러 개인가. 아니다. 천국은 하나다. 그런데 왜 천국 열쇠들을 주셨을까? 이것은 우리가 죽은 다음 천국에 들어갈 때만 천국 열쇠가 필요한 것이 아니라 이 땅에 사는 동안 이 땅에서 열어야 할 천국 문들이 있다는 것으로 적용할 수 있다.

예수님이 신앙고백을 한 베드로에게 천국 열쇠를 주시면서 "네가 땅에서 무엇이든지 매면 하늘에서도 매일 것이요. 네가 땅에서 무엇이든지 풀면 하늘에서도 풀리리라" 하셨다.

예수님은 열쇠를 넣고 잠그는 것을 매는 것이라고 하셨고,

열쇠를 넣고 여는 것을 푸는 것이라고 하셨다. 네가 이 땅에서 잠그면 하늘에서도 잠기고, 이 땅에서 열면 하늘에서도 열린다고 하셨다. 이 땅과 하늘이 연동되어 있다. 천국 열쇠를 든 우리는 이 땅에서 맬 수도 있고, 풀 수도 있다. 우리는 이 땅에서 잠그고 살 수도 있고, 열고 살 수도 있다. 중요한 것은 이 땅에서 매면 하늘에서도 매이고, 이 땅에서 풀면 하늘에서도 풀린다는 사실이다.

사람과의 관계에 이 말씀을 적용하면, 우리는 사람과 맺고 살 수도 있고, 풀고 살 수도 있다. 원수가 있는 채로 살 수도 있고, 원수를 없애고 살 수도 있다.

팔복 강해 중에 예수님은 제자들에게 "그러므로 예물을 제단에 드리려다가 거기서 네 형제에게 원망들을 만한 일이 있는 것이 생각나거든 예물을 제단 앞에 두고 먼저 가서 형제와 화목하고 그 후에 와서 예물을 드리라"고 당부하셨다. 이 말씀은 예수님이 제자들에게 사람과 맺힌 것을 푸는 것의 중요성을 가르쳐 주신 것이다.

예물을 드리는 것은 헌금을 드리는 것이다. 조금 더 확대하면 예배를 드리는 것이다. 헌금을 드리는 것, 예배를 드리는 것은 귀한 일이다. 그러나 그보다 먼저 할 일이 있다. 가서 형제와 푸는 것이다. 원수를 없애는 것이다.

예수님은 이어 "너를 고발하는 자와 함께 길에 있을 때에 급히 사화하라. 그 고발하는 자가 너를 재판관에게 내어 주고 재판관이 옥리에게 내어 주어 옥에 가둘까 염려하라"고 말씀하셨다. 이 말씀은 예수님이 제자들에게 사람과 맺힌 것을 푸는 것의 시급성을 가르쳐주신 것이다.

예수님은 누군가 우리를 고발하려고 할 때 또는 고발당했을 때, 그 사람을 만나 급히 화해하라고 하신다. 그렇지 않으면 감옥에 갇힐 것이라고 하셨다. 풀지 않으면 감옥에 갇힌다. 창살 있는 감옥에 갇히기도 하고, 창살 없는 감옥에 갇히기도 한다. 육신이 감옥에 갇히기도 하고, 마음이 감옥에 갇히기도 한다. 집이 감옥이 되기도 하고, 회사가 감옥이 되기도 하고, 심지어 교회가 감옥이 되기도 한다. 풀지 않으면 불행하다. 어디를 가도 감옥이다. 사람과 풀지 않으면 불행해진다. 어떤 분이 오랜 송사를 끝내면서 그 기간이 지옥체험이었다고 회상했다. 다시는 하고 싶지 않은 일이 있다면 그것은 송사하는 일이라고 말했다.

맺힌 것은 풀어야 한다. 그것도 빨리 풀어야 한다. 빠르면 빠를수록 좋다. 맺힌 것을 풀지 않으면 불행하다. 풀지 않으면 자신과 맺힌 상대방이 불행해지는 것이 아니다. 맺힌 채로 있는 자신이 불행해진다.

닫힌 관계를 여는 열쇠가 있다. 그중에 하나가 용서다.

관계를 풀기 위해서는 회개와 용서의 열쇠가 필요하다. 잘못한 것을 잘못했다고 말하는 것이 회개다. 하나님께 할 때는 회개라고 하고 사람에게 할 때는 사과한다, 또는 용서를 구한다, 잘못을 빈다고 한다. 맺힌 관계에는 잘못으로 인해 상대에게 내가 받아야 할 용서가 있고, 상대가 잘못해서 내가 해야 할 용서가 있다. 하나님과 사람의 관계는 사람 편의 일방적인 잘못 때문에 깨어졌다. 그러나 사람과의 관계에서는 어느 한쪽의 일방적인 잘못으로 관계가 깨어지는 경우는 드물다. 깨어진 관계 속에는 항상 내가 회개해야 할 부분과 내가 용서해야 할 부분이 함께 있다. 아버지에게 상처를 받았다고 하는 사람의 아버지를 만나 이야기를 들어보면 아버지는 그 자녀에게 받은 상처가 있다. 아버지가 일방적으로 잘못한 것이 아니라 그 가운데는 자녀가 잘못한 것도 있다.

회개와 용서, 이것을 통해 깨어진 관계가 회복된다. 닫힌 관계가 열린다. 용서하면 원수가 없어진다.

원수를 없애는 하늘나라 어플_ 하나님을 기쁘시게

원수를 없애는 또 하나의 방법을 성경이 가르쳐준다. 그것은 하나님을 기쁘시게 하는 것이다. 의외라는 생각이 들 수 있다. 하나님을 기쁘시게 하는 것과 사람과 맺힌 것을 푸는 것이 별개일 것 같은데 진리인 성경은 이렇게 말한다.

> 사람의 행위가 여호와를 기쁘시게 하면
> 그 사람의 원수라도 그와 더불어 화목하게 하시느니라.
>
> 잠언 16장 7절

사람들과 좋은 관계 속에 사는 것은 하나님이 주시는 상이다. 하나님을 기쁘시게 하면 하나님께서 그에게 사람과 더불어 화목하게 해주신다. 이것이 하나님의 상이다. 그 사람의 원수라도 그와 더불어 화목하게 해주신다. 하나님께서 사람들이 나를 좋아하게 하시면 사람들은 나를 좋아한다. 사람의 마음이 하나님의 손안에 있기 때문이다. 우리가 하나님을 기쁘시게 하면 하나님께서 우리에게 하나님과 사람 앞에서 은총과 귀중히 여김을 받게 하신다.

경험을 한 사람은 알겠지만 한번 깨어진 관계, 한번 맺힌 관계를 회복하는 것이 얼마나 어려운 일인가. 성경은 노엽게 한 형제와 화목하기가 견고한 성을 취하기보다 어렵고 이러한 다툼은 산성 문빗장 같다고 했다. 쉬운 성경으로 보면 모욕을 당한 형제의 마음은 요새보다 정복하기 어렵고, 다툼은 요새의 빗장 같이 마음을 닫게 한다고 되어 있다. 이 깨어진 관계를 회복하기 위해 우리는 당사자와 다양한 시도를 한다. 그런데 어떤 경우는 우리가 애를 쓰고 수고하였음에도 관계가 풀어지지 않는 경우가 있다. 원수가 없어지지 않는 경우다. 그때는 하나님께 맡겨야 한다. 맺힌 관계 중에는 하나님께서 풀어주셔야 하는 관계도 있다. 우리의 행위로 하나님을 기쁘시게 하면서 하나님이 그 사람과 화목하게 해주실 것을 기대하고 기다려야 할 때가 있다.

원수를 없애는 자는 복이 있나니
원수를 사랑하고 위하여 기도하라, 축복하라는 말씀 속에는 우리를 향한 하나님의 큰 사랑이 들어 있다. 나를 핍박하는 사람을 미워하지 말고 그를 사랑하라는 말씀 속에는 많은 시간이 들어있다. 그 말씀대로 하면 우리는 그야말로 엄청난 시간을 번다. 사람에게는 동일한 시간이 주어졌다. 그러나 어떤 사람은 그 시간을 버린다. 원수를 사랑하는 사람은 그 시간을 쓴다.

만약 우리가 우리를 핍박하는 사람을 미워하고 원수를 갚으려고 한다면 우리는 참으로 많은 것을 잃게 된다. 복수할 궁리를 해야 한다. 그 일에 많은 시간을 버려야 한다. 증오심으로 마음을 채워야 한다. 그것으로 몸은 상하게 된다. 원수를 미워하는 것을 정당화하기 위해 사람들을 붙잡고 그를 비방해야 한다. 그러는 사이 우리를 존경하던 사람이 우리에게 실망한다. 사람을 잃는다. 억울한 것은 이런 후에도 여전히 그 원수는 우리 곁에 그대로 있다는 사실이다.

예수님의 말씀대로 우리를 핍박하는 원수를 사랑하면 우리는 많은 것을 얻는다. 시간을 쓴다. 나를 핍박하는 사람, 내게 억지로 오리를 가자고 하는 사람, 내 속옷을 가지고자 하는 사람을 위해 기도하고, 십리를 동행하고, 겉옷을 주면 그 일은 거기서 끝이다. 그 다음 시간은 다 내 것이다. 그 시간이면 그 사람에게 준 겉옷 백 벌, 천 벌을 살 수 있는 일을 할 수 있다.

하나님이 원수를 사랑하라고 했다고 해서 억울해하지 말라. 하나님이 나를 사랑하시는 것이 아니라 내 원수를 사랑하는 것이라고 오해하지 말라. 나를 위해, 나를 사랑하셔서 하나님이 하시는 말씀이다.

원수를 미워하지 않으려고 하는 데까지만 하려고 하지 말고 거기서 한 걸음 더 나가 사랑하라. 원수가 주리면 기회가 온 것이다. 쌀을 사주고, 밥을 사주라. 원수가 목말라하면 물을 주라. 원수를 미워하지 않으려고 애쓰고 노력을 하지만 잘 안 될 때, 한 걸음 더 나가 원수의 필요를 채워주라. 원수의 딸이 학비가 없어 학교를 못 가는 상황이면 등록금을 내줘보라. 순간 원수가 사라지고 친구만 남는 은혜를 맛볼 것이다. 이것이 악에게 지지 않고 선으로 악을 이기는 길이다.

원수가 사명자일 수 있다

우리 주위에는 여러 사명자가 있다. 우리에게 힘과 용기를 주는 사명자가 있다. 마치 로뎀나무 아래 누워 있는 엘리야를 찾아온 하나님의 사자 같은 사명자다. 천국을 미리 경험시켜 주는 사명자도 있다. 우리의 존재 의미를 깨닫게 해주는 사명자도 있다. 매 주일 계속해서 설교할 수 있도록 격려하는 사명자도 있다. 넘어지고 쓰러진 우리를 어루만지며 일으켜 세워주는 사명자도 있다.

나는 전에는 이런 이들만 사명자로 알았다. 그런데 언제부터인가 사명자의 폭이 넓게 보이기 시작했다. 전에는 나를 괴롭게 하는 사람으로 보이던 이가, 나를 힘들게 하는 사람으로 보이던 이가 어느 날 내게 사명자로 다가왔다. '아, 저분은 나 기도시키는 사명자구나. 아, 저분은 나로 하여금 하나님만 의지하게 하는 사명자구나.' 이렇게 사명자가 보이면서부터 그들을 대하는 내 태도가 달라지는 걸 느꼈다. 그들에게 미안한 마음이 들었다. "내가 기도하는 일을 게을리 하지 않았다면, 내가 계속 겸손했다면, 내가 하나님만 의지했다면, 저 분이 저러지 않았을 텐데……." 이렇게 생각하고 나니 죄송스럽기 그지없다.

하나님은 우리가 하나님을 사랑하는 것을 확인하고 싶어 하신다. 마치 아브라함이 하나님을 경외하는 것을 모리아 산에서 확인하셨듯이 말이다. 우리가 하나님을 사랑한다면 이제 우리는 하나님을 사랑하는 것을 하나님께 확인시켜드려야 한다.

우리 주변에는 우리가 하나님을 사랑하는 여부를 확인하기 위해 하나님이 붙여주신 사람들도 있다. 가족 중에도 있고, 직장에도 있고, 교회에도 있고, 기관에도 있다. 어디를 가도 있다. 바라만 보아도 사랑스러운 사람, 그는 아니다. 생각만 해도 좋은 사람, 그도 아니다. 얼굴을 대면하는 것이 고통스러운 사람, 그 사람만 없으면 살 것 같은 사람, 바로 그 사람이다. 그가 '사명자'다. 그는 우리가 하나님을 사랑하는 여부를 확인시켜주는 사명을 갖고 우리 곁에 와 있는 것이다. 그를 통해서 우리는 우리가 하나님을 사랑하는 여부를 확인할 수 있다. 그 사명자를 사랑하는 것은 하나님을 사랑하는 확실한 증거다. 그 사명자를 미워하고, 제쳐놓고는 하나님을 사랑할 수 없다.

사명자를 미워하지 말라. 따돌리지 말라. 제쳐놓지 말라. 쫓아내지 말라. 쫓아내면 더 큰 사명자가 온다. 안 오면 안에서 생긴다. 사명자를 사랑하라. 사명자가 있다. 사명자마다 사명이 다르다. 모든 사명자를 사랑하라. 그래야 행복하다.

이 '사명자'는 자신의 사명을 완수하면 사라진다. 기도시키는 사명자는 기도하면 사라진다. 겸손하게 하는 사명자는 겸손해지면 사라진다. 연단시키는 사명자는 연단을 받으면 사라진다. 회개시키는 사명자는 회개하면 사라진다. 사라진다는 말이 그가 죽거나 당신 곁을 떠난다는 말이 아니다. 그가 사명을 다했기 때문에 이제 더 이상 당신 곁에서 사명을 수행하지 않는다는 말이다. 더 이상 당신을 힘들게 하거나 괴롭히지 않는다는 말이다. 오히려 그 사람 때문에 인생이 더욱 의미 있고 풍요로워진다. 이런 현상을 두고 사랑이 사람을 변화시킨다고 한다.

멀리해야 할 사람도 있다

그럴 리는 없겠지만 원수를 사랑하라는 말씀을 행악자들과 함께 사귀라는 말로 오해해서는 안 된다. 성경은 "너는 악인의 형통함을 부러워하지 말며 그와 함께 있으려고 하지도 말지어다"고 가르친다. 그렇다고 행악자의 형통함으로 인해 분을 품으라는 것이 아니다. 성경은 "너는 행악자들로 말미암아 분을 품지 말며 악인의 형통함을 부러워하지 말라"고 권고한다. 부러워하지도 말고, 그렇다고 화를 내지도 말라고 한다. 그 이유는 행악자는 장래가 없겠고 악인의 등불은 꺼질 것이기 때문이다.

성경은 사귈 사람과 사귀지 말아야 할 사람을 가르쳐주고 있다. 다음은 성경이 가르쳐주는 사귀지 말아야 할 사람의 목록과 그 이유다.

노름 품는 자, 울분한 자

노를 품는 자와 사귀지 말며 울분한 자와 동행하지 말지니

그의 행위를 본받아 네 영혼을 올무에 빠뜨릴까 두려움이니라.

잠언 22장 24-25절

반역자

내 아들아 여호와와 왕을 경외하고 반역자로 더불어 사귀지 말라.

대저 그들의 재앙은 속히 임하리니 그 둘의 멸망을 누가 알랴.

잠언 24장 21-22절

이단에 속한 자

누가 이 편지에 한 우리 말을 순종하지 아니하거든

그 사람을 지목하여 사귀지 말고 그로 하여금 부끄럽게 하라.

데살로니가후서 3장 14절

이단에 속한 사람을 한두 번 훈계한 후에 멀리하라.

디도서 3장 10절

누구든지 이 교훈을 가지지 않고 너희에게 나아가거든

그를 집에 들이지도 말고 인사도 하지 말라

그에게 인사하는 자는 그 악한 일에 참여하는 자임이라.

요한이서 1장 10-11절

술을 즐겨 하는 자와 고기를 탐하는 자와 잠자기를 즐겨 하는 자

술을 즐겨 하는 자들과 고기를 탐하는 자들과도

더불어 사귀지 말라.

술 취하고 음식을 탐하는 자는 가난하여질 것이요

잠자기를 즐겨 하는 자는 해어진 옷을 입을 것임이니라.

잠언 23장 20-21절

율법을 지키는 자는 지혜로운 아들이요 음식을 탐하는 자와

사귀는 자는 아비를 욕되게 하는 자니라. 잠언 28장 7절

두루 다니며 한담하는 자

두루 다니며 한담하는 자는 남의 비밀을 누설하나니

입술을 벌린 자를 사귀지 말지니라. 잠언 20장 19절

미련한 자

지혜로운 자와 동행하면 지혜를 얻고

미련한 자와 사귀면 해를 받느니라. 잠언 13장 20절

사귀지 말라는 말의 의미

내가 너희에게 쓴 편지에 음행하는 자들을

사귀지 말라 하였거니와

이 말은 이 세상의 음행하는 자들이나 탐하는 자들이나

속여 빼앗는 자들이나 우상 숭배하는 자들을

도무지 사귀지 말라 하는 것이 아니니

만일 그리하려면 너희가 세상 밖으로 나가야 할 것이라

이제 내가 너희에게 쓴 것은 만일 어떤 형제라 일컫는 자가

음행하거나 탐욕을 부리거나 우상 숭배를 하거나 모욕하거나

술 취하거나 속여 빼앗거든 사귀지도 말고

그런 자와는 함께 먹지도 말라 함이라.

밖에 있는 사람들을 판단하는 것이야

내게 무슨 상관이 있으리요마는

교회 안에 있는 사람들이야 너희가 판단하지 아니하랴.
밖에 있는 사람들은 하나님이 심판하시려니와
이 악한 사람은 너희 중에서 내쫓으라. 고린도전서 5장 9-13절

원수는 없애라

- 함께 읽을 말씀 : 로마서 12장 10-21절
- 마음에 새길 말씀 : 누가복음 6장 27절

1. 원수에 대한 하나님의 지침은 무엇인가?(본문 pp.283-285 참고)

2. 원수, 그는 누구인가?(본문 pp.285-287 참고)

3. 원수를 만들지 않는 것이 최고다. 만약 원수가 생겼다면 빨리 없애야 한다. 원수를 없애는 이 땅의 어플은 무엇인가?(본문 p.288 참고)

4. 원수를 없애는 하늘나라 어플이 있다. 첫 번째 어플은 무엇인가?(본문 pp.288-289 참고)

5. 원수를 없애는 두 번째 하늘나라 어플은 기도다. 기도로 어떻게 원수를 없앨 수 있는가? 기도를 통해 원수를 없앤 경험이 있다면 그것을 함께 나누라(본문 pp.289-294 참고).

6. 원수를 없애는 세 번째 하늘나라 어플은 무엇인가?(본문 pp.295-296 참고)

7. 원수를 없애는 하늘나라 어플은 위탁이다. 원수를 하나님께 맡기는 것이다. 원수를 하나님께 위탁하는 것은 어떻게 하는 것인가?(본문 pp.296-297 참고)

8. 원수를 없애는 하늘나라 어플은 용서다. 원수를 없애기 위해 하나님이 주신 열쇠가 있다. 천국 열쇠다. 이 열쇠로 원수를 없애는 과정을 함께 나누라(본문 pp.297-303 참고).

9. 마지막으로 이 책에서 소개한 원수를 없애는 하늘나라 어플은 무엇인가?(본문 pp.303-304 참고)

10. 사람의 힘으로 풀기 어려운 관계문제가 생겼을 때는 하나님을 기쁘시게 하는 일을 찾아하는 것이 지혜다. 하나님을 기쁘시게 함으로 "나의 원수라도 나와 더불어 화목하게 하신" 경험이 있으면 그것을 함께 나누라(본문 pp.303-304 참고).

11. 원수를 사랑하라는 말씀 속에는 당신을 향한 큰 사랑이 들어 있다. 원수를 없애는 사람은 복이 있다. 어떤 복이 있는가? 당신이 원수를 없애고 받은 복을 함께 나누라(본문 pp.304-306 참고).

12. 원수가 사명자일 수 있다. 이 말의 의미가 무엇인가? 혹 지금 당신 곁에 있는 사명자는 없는가?(본문 pp.306-309 참고)

13. 멀리해야 할 사람도 있다. 그들은 누구이며 왜 그래야 하는가?(본문 pp.309-313 참고)

14. 거기서 여호와께서 복을 명하셨다. '거기'가 어디인가? (시 133:1-3, 본문 p.324 참고)

15. 욥을 회복시키실 때 하나님이 욥에게 먼저 하도록 하신 것이 있다. 그것은 무엇일까? 왜 하나님은 그렇게 하셨을까? (욥 42:10, 본문 pp.324-326 참고)

16. 이 과를 통해 받은 은혜를 함께 나누라.

| 에필로그 |

거기서 여호와께서
복을 명하셨다

FOR A RELATIONAL HAPPINESS

우리를 향하신 하나님이 소원이 있다. 그것은 우리가 사이 좋게 지내는 것이다.

보라, 형제가 연합하여 동거함이 어찌 그리 선하고 아름다운고
머리에 있는 보배로운 기름이 수염 곧 아론의 수염에 흘러서
그의 옷깃까지 내림 같고 헐몬의 이슬이 시온의 산들에 내림 같도다.
거기서 여호와께서 복을 명령하셨나니 곧 영생이로다.

시편 133편 1-3절

형제가 연합하여 동거하는 것은, 우리가 하나 되어 사이좋게 지내는 것은 선하고 아름답고 영광스러운 일이다. 이것은 금이나 은보다 더욱 소중하다.

사이좋게 지내는 것을 다른 말로 표현하면 싸우지 않고, 다투지 않고, 화평하게, 화목하게 사는 것이다. 성경을 읽다가 사람이 영광에 이르는 길을 발견했다.

> 노하기를 더디 하는 것이 사람의 슬기요
> 허물을 용서하는 것이 자기의 영광이니라. 잠언 19장 11절

> 다툼을 멀리 하는 것이 사람에게 영광이거늘
> 미련한 자마다 다툼을 일으키느니라. 잠언 20장 3절

이 말씀 속에 '자기의 영광'과 '사람에게 영광'이 나온다. 이렇게 하면 자기에게 영광이 되고, 사람에게 영광이 된다고 했다. '이렇게'에 해당하는 것이 '노하기를 더디하는 것', '허물을 용서하는 것', '다툼을 멀리하는 것'이다. 노하면 다툼이 일어난다. 허물을 용서하면 다툴 소지가 사라진다. '이렇게'

하는 것이 다툼을 멀리하는 것이다. 사람이 영광에 이르는 이 세 가지 조건을 한마디로 하면 싸우지 않고 사이좋게 사는 것이다. 즉 하나님께서 가르쳐주시는 사람이 영광에 이르는 길은 싸우지 않고 사이좋게 지내는 것이다.

사람마다 가치관이 다르다. 사람마다 타인이나 사물을 평가하는 값이 다르다. 싸우지 않고 사이좋게 지내는 것에 대한 가치를 부여하라고 하면 어떤 사람은 100에 가까운 가치를 부여하고, 어떤 사람은 10이 조금 넘는 값을 줄 수 있다.

예수를 믿고 나면 우리는 각각의 가치 평가를 성경을 통해 새롭게 한다. 성경에서 이것이 저것보다 낫다고 하면 우리는 그것을 받아들인다. 그래서 예수를 믿고 성경을 배우면 가치관이 바뀌는 것이다. 가치 순위가 바뀌는 것이다. 평가절하된 것들이 제대로 평가를 받게 된다. 싸우지 않고 사이좋게 사는 것에 대한 가치도 절상되어야 한다.

> 내가 내게 있는 모든 것으로 구제하고
> 또 내 몸을 불사르게 내줄지라도
> 사랑이 없으면 내게 아무 유익이 없느니라. 고린도전서 13장 3절

이것은 우리가 잘 아는 고린도전서 13장 말씀이다. '사랑이 없으면'을 '싸우면'으로 바꾸어 읽어도 된다. 사랑을 소극적으로 표현하면 '싸우지 않는 것'이고 적극적으로 표현하면 '사이좋게 지내는 것'이다. 싸우면서 내게 있는 모든 것으로 구제하고 또 내 몸을 불사르게 내어줄지라도 이것은 내게 아무 유익이 없다. 구제하는 것보다 싸우지 않는 것이 우선이다. 구제하는 것은 선한 일이다. 그러나 싸우면서, 사랑 없이 구제하는 것은 아무 의미가 없다.

　싸우지 말아야 한다. 잘하겠다고 하면서 싸우지 말아야 한다. 싸우면서 잘하는 것보다는 싸우지 않고 보통만 하는 것이 낫다. 선한 일을 하겠다고 하면서 싸우지 말아야 한다. 싸우면서 구제하겠다고 하는 것보다 싸우지 않고 구제하지 않는 것이 낫다. 부자 되기 위해 싸우지 말아야 한다. 싸우면서 부자로 사는 것보다 사이좋게 가난하게 사는 게 낫다. 다투는 여인과 함께 큰 집에서 사는 것보다 움막에서 혼자 사는 것이 낫다. 마른 떡 한 조각만으로 화목하는 것이 고기와 생선이 가득한 집에서 다투는 것보다 낫다.

너는 그들로 이 일을 기억하게 하여 말다툼을 하지 말라고

하나님 앞에서 엄히 명하라.

이는 유익이 하나도 없고

도리어 듣는 자들을 망하게 함이라. 디모데후서 2장 14절

바울이 디모데에게 한 권면이다. 다툼은 유익이 하나도 없다. 싸우면 잘되는 게 아니다. 도리어 듣는 자들을 망하게 한다. 서로 물고 먹으면 피차 멸망한다. 조심해야 한다. 부부가 자녀를 잘되게 하겠다고 다투는 경우가 있다. 참으로 안타까운 일이다. 자녀를 잘 되게 하기 위해 싸우지 말아야 한다. 자녀를 잘되게 하기 위해 싸우는 것보다 부모가 싸우지 않고 사이좋게 지내는 것이 훨씬 자녀를 잘되게 한다.

어느 공동체든지 싸우지만 않아도 영광스럽다. 가정도 그렇고, 회사도 그렇고, 교회도 그렇고, 나라도 그렇다. 싸우지 않고 사이좋게 지내는 것이 잘하는 일이다. 화목은 소중한 가치다.

아버지와 어머니가 자녀에게 줄 수 있는 최고의 선물, 최고의 자녀 교육은 부부가 싸우지 않고 사이좋게 지내는 것이다. 이것이 최고의 가정교육 비법이다. 혹 사람들이 볼 때는 성공

한 것 같이 자녀를 키워놓았지만 만약 그 자녀가 아버지와 어머니의 불화로 인한 상처로 얼룩져 있거나, 부모와 맺혀 있거나, 아버지 혹은 어머니에 대한 증오가 그 마음에 있다면 이것은 실패한 것이다.

하나님은 우리에게 "할 수 있거든 너희로서는 모든 사람과 더불어 화목하라"고 권면하셨다. 싸우고, 다투면 지옥을 경험하기 때문이다. 하나님은 자녀들의 불행을 원하지 않으신다. 행복하기를 원하신다. 그래서 모든 사람으로 더불어 평화하라고 하신 것이다.

하나님 나라는 의와 평강과 희락이다. 그곳엔 다툼이 없다. 이 하나님의 나라, 천국을 경험하며 살기 원하면 즉시 다툼을 멈춰야 한다. 사이좋게 살아야 한다.

싸우면서 정이 든다는 말에 속지 말아야 한다. 부부싸움은 칼로 물 베기라는 말에 속지 말아야 한다. 부부싸움은 칼로 물을 베는 것이 아니라 마음을 베고, 가슴을 베는 일이다.

부부싸움 안하고 무슨 재미로 사느냐고 하는 사람이 있다. 사이좋게 사는 사람들은 천국을 미리 경험하는 맛에 산다. 싸우는 것은 재미가 아니다. 사이좋게 사는 것이 진정한 재미다.

사람과 맺힌 관계를 푸는 것은 잘하는 일이다. 그러나 더 잘하는 것은 아예 맺히지 않는 것이다. 그것이 잘 사는 것이다. 그것이 능력이다.

시편 기자는 형제가 연합하여 동거하는 거기서 여호와께서 복을 명하셨다고 전하고 있다. 형제가 사이좋게 지내는 거기서 하나님이 복을 명하셨다는 말을 가슴에 담자. 우리의 모든 관계가 하나님이 복을 명하시는 '거기'가 되기를 소망하면서.

거기서 여호와께서 복을 명하셨다

성경에 나오는 욥이 고난을 당했다. 욥이 고난을 당할 때 세 명의 친구들이 찾아왔다. 고난의 원인을 둘러싸고 욥과 세 친구들이 논쟁을 벌였다. 이것으로 욥과 세 친구들의 관계가 상했다. 이런 상황에서 하나님께서는 욥을 회복시키기로 하셨다. 하나님께서는 욥을 회복시키면서 욥과 친구들의 관계도 함께 회복시켜주셨다. 만약 친구들과의 관계 회복 없이 하나님께서 욥만 회복시키셨다면 그것은 욥에게 진정한 복이 되지 못했을 것이다. 만약 욥이 다른 부분에서는 다 회복되었지만 친구들과의 관계에서 회복되지 않았다면 이것은 절반의 회복이다. 만약 이렇게 되었다면 회복된 후에도 욥의 마음에는 친구들에 대한 서운함이 남아 있을 것이다. 관계가 회복되어야 진정한 회복이다.

하나님께서 욥의 친구들에게 욥에게로 가라고 하셨다. 욥의 친구들은 욥에게 갔고, 욥은 그들을 위해서 빌었다.

> 욥이 그의 친구들을 위하여 기도할 때
> 여호와께서 욥의 곤경을 돌이키시고
> 여호와께서 욥에게 이전 모든 소유보다 갑절이나 주신지라.
>
> 욥기 42장 10절

욥이 그 벗들을 위해 빌 때, 욥과 그의 친구들의 관계가 회복될 때 여호와께서 욥의 곤경을 돌이키셨다. 욥에게 이전 모든 소유보다 갑절이나 주셨다. 참 세심한 하나님이시다. 하나님께서는 욥이 친구들과의 관계를 회복할 때 욥을 회복시키셨다.

재산을 다 잃었고, 자녀를 다 잃었고, 건강을 다 잃었던 욥이 회복되었다. 경제적으로도, 자녀들도, 건강도 다 회복되었다. 이전보다 갑절이나 더 늘었다. 그 회복된 시점이 욥이 그 친구들을 위해 빈 때다. 친구들과 맺힌 것을 푼 때다.

혹 하나님께서 회복을 위해 욥의 친구들을 욥에게 보내신 것처럼 우리에게 보내신 '친구들'이 있을 수 있다. 그런데 그 친구들을 위해 빌기를 미루고 있거나 거부하고 있지는 않는지 살펴볼 필요가 있다. 하나님이 경제적인 형편을, 자녀들을, 건강을 회복시켜주려고 하시는데 그 '친구들'을 용서하고, 그들을 위해 기도하기를 거부함으로 여전히 회복되지 못한 채로 있는 것은 아닌지 살펴볼 필요가 있다. 관계가 회복될 때 다른 것이 회복된다. 사람과 풀려야 다른 것들도 풀린다.

생명의말씀사

사 | 명 | 선 | 언 | 문

> 너희가 흠이 없고 순전하여……세상에서 그들 가운데 빛들로
> 나타내며 생명의 말씀을 밝혀 (빌 2:15-16)

1. 생명을 담겠습니다.
만드는 책에 주님 주신 생명을 담겠습니다.
그 책으로 복음을 선포하겠습니다.

2. 말씀을 밝히겠습니다.
생명의 근본은 말씀입니다.
말씀을 밝혀 성도와 교회의 성장을 돕겠습니다.

3. 빛이 되겠습니다.
시대와 영혼의 어두움을 밝혀 주님 앞으로 이끄는
빛이 되는 책을 만들겠습니다.

4. 순전히 행하겠습니다.
책을 만들고 전하는 일과 경영하는 일에 부끄러움이 없는
정직함으로 행하겠습니다.

5. 끝까지 전파하겠습니다.
모든 사람에게, 땅 끝까지, 주님 오시는 그날까지
복음을 전하는 사명을 다하겠습니다.

생명의말씀사 서점안내

광화문점 110-061 종로구 신문로1가 58-1 구세군 회관 2층
TEL.(02) 737-2288 / FAX.(02) 737-4623

강 남 점 137-909 서초구 잠원동 75-19 반포쇼핑타운 3동 2층 전관
TEL.(02) 595-1211 / FAX.(02) 595-3549

구 로 점 152-880 구로구 구로 3동 1123-1 3층
TEL.(02) 858-8744 / FAX.(02) 838-0653

노 원 점 139-200 노원구 상계동 749-4 삼봉빌딩 지하층
TEL.(02) 938-7979 / FAX.(02) 3391-6169

분 당 점 463-824 경기도 성남시 분당구 서현동 273-1 대현빌딩 3층
TEL.(031) 707-5566 / FAX.(031) 707-4999

신 촌 점 121-806 마포구 노고산동 107-1 동인빌딩 8층
TEL.(02) 702-1411 / FAX.(02) 702-1131

일 산 점 411-370 경기도 고양시 일산구 주엽동 83번지 레이크타운 지하 1층
TEL.(031) 916-8787 / FAX.(031) 916-8788

의정부점 484-010 경기도 의정부시 금오동 470-4 성산타워 3층
TEL.(031) 845-0600 / FAX.(031) 852-6930

인터넷서점

http://www.lifebook.co.kr